MORT D'UN BANQUIER

Les dessous de l'affaire Stern

Valérie Duby
Alain Jourdan

MORT D'UN BANQUIER

Les dessous de l'affaire Stern

privé©

Ouvrage publié
sous la direction de Guy Birenbaum

Comment voulez-vous que ne périsse pas celui qui,
par un aveugle égoïsme, voudra lutter seul
contre les intérêts réunis des autres.

Marquis de Sade
Justine, 1791.

Avertissement de l'éditeur

Madame Cécile Brossard est accusée d'avoir tué Édouard Stern à Genève en février 2005. Cette accusation reposerait sur des éléments matériels et des déclarations faites par l'accusée et les protagonistes de cette affaire. Cécile Brossard fait donc l'objet d'une instruction pénale et elle est placée en détention provisoire en Suisse dans l'attente d'un procès qui est prévu en 2007.

En raison du principe de la présomption d'innocence, seule une juridiction pénale pourra décider, selon les termes du Code pénal suisse, de la culpabilité ou non de Cécile Brossard, inculpée d'assassinat.

C'est la raison pour laquelle, tant qu'un jugement définitif n'aura pas été rendu dans cette affaire, il n'est pas permis d'écrire que Cécile Brossard a tué ou est coupable du meurtre d'Édouard Stern. Et ce, même si elle semble avoir avoué ce meurtre car il est toujours permis à un accusé de revenir sur ses aveux et à un Tribunal de ne pas prononcer de jugement de condamnation en dépit d'aveux de l'accusé pour d'autres raisons juridiques.

S'il n'est pas permis de préjuger de ce que décideront les tribunaux suisses, il est *a contrario* permis de s'interroger encore sur les circonstances de la mort d'Édouard Stern.

Non pas pour accuser telle ou telle personne mais pour montrer combien la personnalité de ce banquier hors du commun, au caractère ferme et parfois autoritaire, l'a conduit à mener ses affaires en opposition frontale avec d'autres banquiers ou hommes d'affaires. De ce fait, sa mort a pu arranger les intérêts de certains de ses opposants ou ennemis. Comme elle a laissé dans la douleur ses proches et ses amis.

Avant que le procès ne s'ouvre, il nous a semblé digne d'intérêt de faire connaître un peu mieux la vie, le caractère, les affaires d'Édouard Stern et peut-être aussi ce que nous savons des circonstances de sa mort.

G. B.

Avant-propos

Quatre balles de Smith & Wesson dont deux en pleine tête. Édouard Stern, cinquante ans, est assassiné à Genève le 28 février 2005. Quinze jours après sa mort, Cécile Brossard, une Française de trente-six ans, est derrière les barreaux.

Les projecteurs se sont éteints aussi vite qu'ils s'étaient allumés. Le public n'a retenu que la combinaison en latex que porte Édouard Stern lorsqu'il est retrouvé dans sa chambre à coucher.

Après plus d'un an d'enquête, le meurtre du « Prince noir », du « Mozart de la finance » est loin d'être élucidé. Sa maîtresse, Cécile Brossard, a fait des aveux complets devant les policiers et le juge genevois. Mais l'énigme de la mort d'Édouard Stern reste entière. Quatre balles... Compte tenu de la personnalité de la victime, de sa richesse, de ses ennemis en affaires, certains se posent encore une question : et s'il s'agissait d'un « contrat » ? L'affaire serait plus banale. Sa maîtresse aurait « pété les plombs » au terme de quatre ans d'une liaison torturée avec Stern. Une histoire qui mêlerait sexe, argent et pouvoir.

La famille et les amis du banquier assassiné sont sous le choc.

La veille de sa mort, Édouard Stern avait confié à des proches craindre pour sa vie. Il disait avoir découvert quelque chose. Quelque chose qui l'angoissait. Depuis plusieurs mois, le banquier ne sortait jamais sans son arme.

Après sa disparition, les policiers suisses ont fouillé tous les recoins de son appartement. Ils ont ouvert tous les coffres. Des perquisitions ont été menées en Suisse et en France. De mystérieux documents relatifs à des affaires « franco-françaises » ont été retrouvés.

Pour prendre toute la mesure de cette affaire, il faut bien comprendre qui est l'homme retrouvé assassiné à Genève. Un banquier façonné par ses succès et ses revers. Un génie de la finance estimé mais surtout craint. Un homme jalousé qui compte parmi ses amis intimes un ministre très en vue, Nicolas Sarkozy.

Avec la disparition d'Édouard Stern, le président de l'UMP perd l'un de ses soutiens dans la bataille qui l'oppose alors à Dominique de Villepin dans la course à l'Élysée. La mort de la trente-huitième fortune de France serait-elle aussi une affaire d'État ?

On a résumé la fin sans gloire d'Édouard Stern à une vulgaire histoire de sexe et d'argent reléguée à la rubrique des faits divers. Pas si simple. C'est un véritable « assassinat social » qui suit l'annonce de sa mort. Édouard Stern est tué une seconde fois. Tous ceux qui ont des raisons de lui en vouloir – et ils sont nombreux – finissent la besogne en salissant son image. Il ne doit pas apparaître comme la victime mais comme le bourreau. Il doit être mis définitivement hors d'état de nuire. Sans le savoir, si Cécile Brossard l'a tué, elle a servi les intérêts de ceux qui voulaient abattre Édouard Stern.

1

Genève sous le choc

La découverte du crime

Genève, le 1er mars 2005, 14 h 30.

Maria Pires, la femme de ménage d'Édouard Stern, est essoufflée. Elle s'impatiente devant la porte de cet ascenseur qui n'arrive pas assez vite. Elle a comme un mauvais pressentiment. Une angoisse qui ne cesse de monter depuis qu'elle a reçu ce coup de fil de l'administrateur d'IRR [1], le fonds d'investissement d'Édouard Stern, en tout début d'après-midi. Alain Andrey a une drôle de voix. Il lui demande d'abord si elle a vu le banquier. Elle répond qu'elle ne travaille pas le mardi. L'homme qui est au bout du fil accuse le coup et semble plus inquiet encore. Elle n'a pas le temps de poser de questions. Il lui a juste dit simplement de venir tout de suite lui ouvrir l'appartement d'Édouard Stern. On ne trouve pas plus dévouée. Huit ans qu'elle et son mari travaillent au service du banquier. Les employés d'IRR s'étonnent de ne pouvoir joindre leur patron. Sa ligne fixe sonne dans le vide. Sur son portable, c'est la boîte vocale qui s'enclenche. Édouard Stern est introuvable. Ce n'est pas normal. Pas possible. Sa Bentley Mulsan verte aux sièges en cuir blanc, acquise il y a tout juste une semaine, est garée

1. IRR : *Investments Real Return.*

au parking, dans les sous-sols de l'immeuble du quartier de Rive. Les employés d'IRR vont jusqu'à appeler l'Hôpital cantonal pour savoir si leur patron n'a pas été admis aux urgences dans la nuit. Au fil des heures, l'inquiétude monte. Ses plus proches collaborateurs se demandent s'il n'a pas glissé dans sa salle de bains. Peut-être a-t-il été victime d'un malaise ? Il n'a pas donné signe de vie de toute la matinée. Il a raté son rendez-vous de 9 heures avec le patron d'un restaurant genevois. Un homme du Sud-Ouest, un rugbyman qui a son franc-parler. « Il m'a oublié », marmonne-t-il en faisant les cent pas. Sa voix résonne dans les bureaux du 22, rue Villereuse. On lui offre un café. Le temps passe. Sa voix porte de plus en plus. L'homme se résout à repartir sans avoir vu Stern. Ce qui est plus grave, c'est qu'Édouard Stern n'honore pas son rendez-vous suivant. Le genre de rencontre bien trop importante pour être oubliée, celle-là. L'homme s'appelle William F. Browder. C'est un ami d'Édouard Stern. Un ami puissant et influent. William F. Browder a fondé en 1996, avec Edmond Safra, le fonds d'investissement international Hermitage Capital Management dédié aux investissements en Russie. Ce fonds pèse aujourd'hui quelque 3,3 milliards de dollars. William F. Browder a la réputation de savoir défendre les intérêts de ses actionnaires au sein des grands conglomérats russes contrôlés par les oligarques[1]. L'ascenseur s'arrête enfin au cinquième étage. Trois collaborateurs d'IRR attendent sur le palier de l'appartement qui se trouve dans l'allée voisine, au 17, rue Adrien-Lachenal. Maria fouille dans son sac et sort le trousseau de clefs que tout le monde attend. Avant d'enfoncer la clef dans la serrure, elle vérifie si l'alarme est enclenchée. « Elle est coupée, ça veut dire que monsieur Stern est là. » Maria Pires en est sûre puisqu'il ne quitte jamais l'appartement sans l'actionner.

« Ouvrez ! »

1. *Vanity Fair*, juillet 2005.

Cette fois, c'est un ordre. Maria déverrouille la serrure de sécurité. La poignée métallique lui semble plus froide que d'habitude. Elle sent comme un frisson lui traverser le dos. La lourde porte d'entrée s'entrouvre. Quelqu'un tente : « Monsieur, vous êtes là ? » Silence. Andrey, Koifmann et Galord, trois collaborateurs d'IRR passent devant. Sur la petite table située à l'entrée, les affaires d'Édouard Stern : son portable, sa serviette, ses clés...

« Où est sa chambre ?

– Prenez le couloir, c'est la pièce qui est à droite », répond Maria.

Elle vient justement de remarquer la paire de baskets qui traîne devant l'entrée de la chambre d'Édouard Stern. Une paire de baskets qui traîne... Non, ce n'est pas possible.

« Mais Monsieur est un maniaque de la propreté, comment se fait-il... »

Les trois employés d'IRR foncent en direction de la chambre à coucher.

« N'entrez pas, Maria ! »

Alexandre Koifmann recule, esquisse une grimace et barre le passage.

« Il est arrivé quelque chose à monsieur ?

– C'est mieux que vous ne voyiez pas cela. Allez prévenir la police ! »

La femme de ménage voit ressortir les trois hommes. Livides. La terreur se lit dans le regard du plus grand. Sa silhouette s'est voûtée en une fraction de seconde. Qu'a-t-il vu de si horrible ? Maria cherche la poche de sa blouse. Elle y glisse sa main devenue toute moite. Elle tremble. C'est horrible. Le sol se dérobe sous ses pieds, elle le cherche mais elle ne le sent plus.

« Mon Dieu ! »

Maria éclate en sanglots. Elle descend au poste de gendarmerie de Rive, situé au pied de l'immeuble.

« Vite, c'est monsieur Stern qui est mort ! »

Maria Pires tremble, pleure, crie, prie et se répète que c'est un cauchemar. « Pas lui, non, pas lui, c'est trop injuste ! Mais je l'aimais, moi, monsieur Stern. Il était tellement gentil. Toujours à me demander des nouvelles de ma famille. Jamais méprisant... »

Alexandre Koifmann, le mathématicien devenu trader, raconte : « Je dois admettre que ma première réaction a été de penser qu'il s'agissait là d'une de ces œuvres d'art moderne. Les Français diraient que c'est de l'art surréaliste. Quelque chose que je devais enjamber, juste un objet d'art. J'avais vu tellement de choses bizarres dans certains appartements. Il m'a fallu un instant, une minute, trente secondes, cinq secondes, pour réaliser que j'étais face à un corps sans vie dans l'appartement d'Édouard [...]. C'était vraiment un scénario insupportable. Le genre de scène qu'on peut voir dans un film comme *Seven.* [1] »

À 14 h 47, Alexandre Koifmann téléphone à Kristen Van Riel, avocat belge, l'homme de confiance d'Édouard Stern depuis vingt-huit ans, qui se trouve à Paris.

« Allô ! Il faut me passer monsieur Van Riel, c'est urgent !
– Il n'est pas très bien, on ne peut pas le déranger.
– Je vous dis que c'est extrêmement urgent. Allez le chercher maintenant.
– Oui, c'est Kristen, qu'est-ce qui peut être aussi urgent à cette heure de la journée ?
– Ramène tes fesses tout de suite à Genève. Je viens de trouver un cadavre dans la chambre d'Édouard. Si c'est lui, cela veut dire que tu as un tas de documents administratifs à régler. Ou il s'agit du cadavre d'un autre et cela signifie que tu as de nombreux problèmes à régler.

1. *Vanity Fair*, juillet 2005.

– Comment, tu ne sais pas qui c'est ?
– Ben... on s'inquiétait de son absence.
– Et alors ?
– C'est bizarre. L'homme est assez grand. Il porte une combinaison. On ne voit pas son visage. Il y a du sang de partout. On pense que c'est Édouard...
– C'est Édouard ! »

En quelques minutes, des dizaines de policiers affluent sur les lieux du crime. Le banquier français est retrouvé mort dans son appartement du 17, rue Adrien-Lachenal le lundi 1er mars en début d'après-midi. Un immeuble cossu et contemporain du quartier de Rive. La façade est discrète et les couleurs ternes. Les stores en fer marron protègent des regards les bureaux et les appartements. La bâtisse surplombe le fameux bâtiment Clarté, seul immeuble résidentiel de Suisse construit par le célèbre architecte suisse Charles Édouard Jeanneret, dit Le Corbusier, en 1932. Juste en face, le Muséum d'histoire naturelle. Une façade un peu froide rehaussée par les sculptures qui trônent au milieu du parc : *Le Guépard assis*, une sculpture en bronze de Paul Bianchi et *Le Taureau*, une œuvre commandée en 1947 par les abattoirs de Genève. Il s'agit d'un granite sculpté par Luc Jaggi en 1947. De son bureau, Édouard Stern a également une vue imprenable sur l'énorme bloc erratique de 35 tonnes qui semble tombé du ciel. Les amoureux qui viennent s'asseoir sur le gazon du parc n'entendent pas les bruits des voitures venant du boulevard en contrebas. C'est l'un de ces petits carrés verts que les Genevois apprécient.

Les gendarmes du poste de Rive sont rapidement relayés par les hommes de la brigade criminelle de la police genevoise, la BPTS (Brigade de police technique et scientifique). La scène du crime est gelée. Les premières constatations sont effectuées par l'officier de police judiciaire Alain Cheneval, l'officier de police Marco Mattille, le juge d'instruction Michel-Alexandre Graber et le substitut du procureur Linda Hainaut. Une procédure pénale est ouverte sous la référence P/3764/2005.

L'identité judiciaire fait son travail. Elle prend des photos comme c'est toujours le cas dans les affaires de meurtre, filme la scène de crime.

Une chambre au décor très froid. Au sol, le corps de la victime, en position latérale sur le parquet ; des fragments de cordes ceignent son buste. À côté de lui, une chaise Louis XV renversée, une console noire, une lampe chinoise et un meuble Second Empire. Sur la table de nuit à côté du lit, des stylos, des médicaments, des papiers, des clefs et une alarme anti-agression que la victime n'a pas eu le temps d'actionner. Le lit collé contre le mur est recouvert d'un drap blanc. Dessous, un sommier bleu assorti à la lampe chinoise.

L'appartement est passé au peigne fin par les techniciens du laboratoire de police scientifique de Genève. Le luxueux pied-à-terre se compose d'une cuisine américaine, d'un grand et d'un petit salon. Sur les murs, des tableaux modernes de Basquiat, de Soulages et de Bacon.

Dans une autre pièce, un immense téléviseur à écran plat. Également deux dressings et une grande salle de bains. Il y a pour plus de 100 millions de francs suisses de mobilier, notamment des meubles du XVIIIe siècles et autres objets de décoration.

Débute alors l'enquête de routine auprès du voisinage, aux numéros 15, 15a et 17 de la rue Adrien-Lachenal. Personne n'a entendu tirer les quatre coups de feu. Le plus proche voisin de la victime n'a rien vu, rien entendu.

« En plusieurs années de Crim', je n'ai jamais vu une pareille scène », confie un inspecteur. Le corps d'Édouard Stern est à terre, ligoté et recroquevillé à côté de la chaise Louis XV, dont il semble être tombé. Elle est renversée. La victime porte une combinaison en latex de couleur chair qui recouvre son corps de la tête aux pieds, avec deux trous pour les yeux et un pour la bouche. Il gît dans son sang. « J'ai aperçu une grande tache brunâtre sur le sol lorsque je suis revenue sur place avec les enquêteurs », raconte la femme de ménage.

Ces détails, sordides, on ne les découvre que plus tard. Car, dès le début des investigations, la police et la justice verrouillent l'affaire comme jamais. Sans doute à cause de la personnalité et du statut de la victime. Sans doute aussi à cause de sa tenue. Elle laisse supposer que le banquier a trouvé la mort au cours d'une séance sadomasochiste, à moins qu'il ne s'agisse d'une mise en scène pour faire diversion. On est au début de l'affaire, les policiers genevois sont face à une énigme.

Dans la cité de Calvin, l'information n'a pas encore filtré. Les rédactions suisses apprennent la nouvelle par une dépêche de l'AFP [1]. TF1 annonce la mort du banquier au journal télévisé du soir le mardi 1er mars 2005.

Le mercredi 2 mars 2005, l'assassinat d'Édouard Stern fait la une de tous les quotidiens. Très vite, les chaînes de télévision et les radios de l'Hexagone s'emparent de l'information. Les premières dépêches sont laconiques mais elles confirment qu'il ne s'agit pas d'une mort naturelle.

Curieusement, les médias français sont les premiers informés de ce qui se passe à Genève. Dans l'entourage du gouvernement français, on orchestre les fuites. Peut-être pour obliger les autorités suisses à lâcher des informations. Les Français n'obtiennent rien par la voie officielle. Matignon et l'Élysée veulent des détails sur les circonstances de la mort du banquier. Nicolas Sarkozy, le président de l'UMP, candidat à la présidence de la République en 2007, actionne aussi ses réseaux. Il veut savoir.

À Genève, la police se refuse à tout commentaire, renvoyant les médias du monde entier au juge d'instruction de permanence, Michel-Alexandre Graber.

Le magistrat ne se montre guère plus loquace, confirmant simplement l'information qui vient d'être donnée par la télévision, celle de « la mort d'un financier ». Pas de n'importe quel

1. AFP : Agence France-presse.

financier. De l'un des plus controversés, des plus puissants aussi. De l'un de ceux qui fréquentent les hautes sphères du pouvoir.

« Le crime ne fait pas de doute », explique le lendemain Michel-Alexandre Graber à la TSR[1]. Blazer sombre, chemise blanche, cravate bleue, le magistrat ne semble pas vraiment à l'aise avec la caméra. Ses épaules semblent plier sous le poids de l'exercice. Parler sans trop en dire. « Nous n'avons pas constaté d'effraction », précise-t-il. Un détail important. Le journaliste qui l'interviewe, William Heinzer, saute évidemment sur la question. « Cela veut dire que la victime a ouvert la porte à son ou ses assassins ? », interroge-t-il aussitôt. « C'est une possibilité que l'on privilégie effectivement », répond le magistrat.

« Séducteur au caractère bien trempé, parfois brutal, Édouard Stern a été pendant trente ans l'enfant terrible de la finance internationale. Héritier d'une très grande famille de banquiers, il était devenu le gendre de Michel David-Weill, qui en a fait le dauphin de la Banque Lazard avant de l'évincer en 1997. Depuis, il gérait ici un fonds d'investissement », explique le journaliste. Sur les bords du Léman, c'est la panique. « La place de Genève n'est pas liée par cette affaire, s'empresse de commenter Steve Bernard, président de l'association Genève place financière. C'est une affaire découlant semble-t-il de ses affaires privées et personnelles », répond-il.

Plusieurs hypothèses sont avancées. La piste de la mafia russe et des affaires d'Édouard Stern en Europe de l'Est, ainsi que celle d'un crime crapuleux lié à sa vie privée. Les projecteurs sont désormais braqués sur le célèbre jet d'eau de la rade de Genève et sur ses banques.

C'est le début de l'affaire Stern. Un scénario digne des meilleurs thrillers américains. Tout y est : le crime, le sexe et l'argent. Un remake, en plus sulfureux, de *Basic Instinct*.

1. TSR : Télévision suisse romande.

Le meurtre du banquier français installé à Genève fait la une de tous les quotidiens suisses, français et européens. De l'autre côté de l'Atlantique, aux États-Unis, la presse s'interroge. Le *New York Times* veut connaître les tenants et les aboutissants de l'affaire. Wall Street est suspendu aux informations en provenance de Genève. C'est un des leurs qui est mort. L'un des membres de la tribu des financiers planétaires. Édouard Stern a vécu de nombreuses années à New York, ville où résident toujours son ex-épouse, Béatrice, et ses trois enfants, scolarisés dans la très sélecte École française.

À New York, les Stern sont aussi célèbres que les Jean-Marie Messier et autres grands noms de la finance internationale. Un pied aux États-Unis, pays de tous les excès, un autre en Suisse, discrète terre d'asile des financiers du monde entier.

À Genève, où s'est installé Édouard Stern en 1997, on ne parle que du décès du brillant *golden boy* français. Même s'il est vrai qu'à l'exception de quelques gérants de fortune et banquiers de la place, des collaborateurs de sociétés d'Édouard Stern, peu de personnes connaissent véritablement la victime. Sa mort violente, brutale, sauvage vient briser l'image policée du banquier discret réfugié au pays des coucous et du chocolat.

Au fil des jours, commencent à filtrer les détails les plus scabreux qui entourent les circonstances de la mort d'Édouard Stern. Les tabloïds anglais n'en manquent pas une miette.

Pendant ce temps, la police mène son enquête sous l'autorité du juge Michel-Alexandre Graber. Un juge qui verrouille tout. Du jamais vu. On fait installer un verrou sur la porte de la brigade criminelle, au cinquième étage de l'Hôtel de police du boulevard Carl-Vogt, siège de la police judiciaire. Seuls les membres de la Crim' possèdent la clef. « Ils ne nous parlent absolument pas de l'affaire. À nous, leurs propres collègues ! », confie un policier genevois, désabusé par la tournure que prend l'affaire.

Inutile de dire que dans ces conditions particulières l'information aux médias est distillée au compte-gouttes. Le magistrat publie des communiqués de presse laconiques.

Sa seule interview à la TSR fait sourire par le comique du phrasé synthétique du juge. Un comble quand on sait que le magistrat va se faire rappeler à l'ordre par sa hiérarchie pour en avoir « trop dit ». En clair, le simple fait de confirmer que la victime a été tuée par balles constitue, à ce moment-là, une information de trop pour l'évolution de l'enquête.

Un Français de Genève très discret

Édouard Stern s'établit à Genève en mai 1997 au lendemain de son éviction de la Banque Lazard. Des proches lui conseillent alors de s'éloigner de New York et de Paris. Le banquier est en rupture de ban. À Genève, il n'est pas connu. Un avantage. Et puis, dans la cité de Calvin, le système fiscal est beaucoup plus avantageux qu'en France. Le genre d'argument qui ne le laisse pas insensible : Édouard Stern ne supporte pas de payer des impôts. Il pousse même la provocation à dire que c'est le fisc qui devrait lui verser de l'argent...

Faire un pied de nez au fisc français ne lui déplaît pas. Édouard Stern passe du statut de banquier en vue à celui de financier discret.

Il n'est pas le premier à venir chercher asile sur les bords du Léman. À Genève, les grosses fortunes profitent de ce que l'on appelle le « forfait fiscal ». Un système très avantageux qui permet de payer trois ou quatre fois moins d'impôts qu'en France. Ces riches résidents ne sont pas imposés sur leur fortune réelle mais sur leur train de vie.

En Suisse, les heureux bénéficiaires du forfait fiscal font régulièrement la couverture des journaux. Le dispositif qui fait les beaux jours des nantis de la planète exaspère la classe moyenne qui, en comparaison, se trouve, elle, trop imposée. Depuis la fin des années quatre-vingt, les Suisses subissent de plein fouet le chômage et ont de plus en plus de difficultés à boucler leurs fins de mois. Les responsables politiques et les banquiers répliquent que ces quelques privilégiés réinjectent leur argent dans l'économie nationale. Le système du forfait fiscal n'est certainement pas près d'être remis en cause. Sinon, Genève se dépeuplerait...

La liste est longue de ceux qui se font enregistrer auprès du consulat de France pour être domicilié en Suisse. Parmi eux : Alain Delon, Charles Aznavour, Isabelle Adjani, Amélie Mauresmo, Alain Prost, et puis autant de grands noms de l'industrie et de la finance de l'Hexagone[1].

Le dernier arrivé dans la cité de Calvin, Philippe Hersant, s'est installé pour gérer le patrimoine familial et redéployer son groupe France-Antilles sur la Suisse. En 2005, le rejeton de feu Robert Hersant, le « papivore » français, met la main sur Léman bleu, la télévision locale genevoise, subventionnée par la Ville de Genève. Une arrivée qui n'a pas manqué de susciter un certain émoi au sein du microcosme politico-médiatico-financier genevois.

Cachés dans la campagne genevoise ou logés dans de somptueuses résidences sur les bords du lac, il y a ceux qu'Édouard Stern va croiser, comme l'homme d'affaires lyonnais Michel Reybier à l'époque, propriétaire d'un palace cinq étoiles, La Réserve. En France, il régnait sur un empire du saucisson, avec les marques Cochonou, Jambon d'Aoste et Justin Bridou. Un vrai multicarte. À Cuba, on le retrouve actionnaire de la société pétrolière Pebercan dans laquelle il est associé avec l'acteur Gérard Depardieu.

Michel Reybier a également fait du business avec Édouard Stern. Les deux hommes se sont croisés dans les bureaux qu'ils occupaient à une époque dans le même immeuble au 1, Carrefour de Rive. Dans la fraîcheur bienvenue des embruns du

1. Vingt-neuf Français figurent parmi les trois cents plus grosses fortunes de Suisse. Le classement a été établi par le magazine suisse *Bilan* en 2005. Tous possèdent un patrimoine qui dépasse les 100 millions d'euros.

symbole et monument emblématique de Genève : son jet d'eau. Un immeuble où se croise beaucoup de monde dans les années 1990. Pierre Lethier, ancien agent de la DGSE [1], réfugié à Londres depuis ses ennuis dans l'un des multiples volets de l'affaire Elf, y possédait des locaux. Lethier, ancien chef de cabinet du général Imbot, patron des services secrets français, était aussi l'officier traitant du célèbre mercenaire Bob Denard [2] mais également d'Alfred Sirven ou encore d'André Guelfi, alias « Dédé la sardine ». Genève est un tout petit bocal. Tout le monde se croise, tout le monde fait des affaires ensemble, mais au final personne ne se connaît...

Depuis longtemps, les bords du Lac Léman sont un paradis fiscal pour les riches Français. La famille Peugeot, qui pèse entre 5 et 6 milliards de francs suisses, y a élu domicile depuis des lustres. Tout comme le banquier Benjamin de Rothschild qui, avec ses 2 à 3 milliards de francs suisses, serait selon *Bilan* « plus riche que ses cousins de France et de Grande-Bretagne ». Ou le célèbre homme d'affaires Robert Louis-Dreyfus. Chaque année, il y a des petits nouveaux. En 2005, Jean Baud, fondateur de Franprix et de Leader Price, est entré dans le classement de *Bilan*. Tout comme la famille Nonancourt, actionnaire de Laurent-Perrier, ou le coiffeur Jean-Louis David.

Figurent aussi la famille Defforey, actionnaire de Carrefour, la famille Jean-Claude Mimran, qui emploie dix mille personnes notamment dans la production de sucre et le courtage de grains au Sénégal, la famille Castel, propriétaire des eaux Saint-Yorre, Vichy Célestins et de la bière 33 Export, et la famille Taittinger.

1. DGSE : Direction générale de la sécurité extérieure.
2. De son vrai nom Gilbert Bourgeaud, Bob Denard est fils de militaire. Né le 7 avril 1929 à Bordeaux, ce mercenaire est sûrement le plus influent et le plus célèbre de tous les mercenaires ayant opéré en Afrique depuis les indépendances des pays de ce continent. Il est connu pour avoir accompli diverses missions dans le cadre de la Françafrique de Jacques Foccart, pour le compte du Président Charles de Gaulle.

Preuve qu'Édouard Stern était d'une grande discrétion, son nom n'a jamais figuré au classement compilé chaque année par le magazine suisse.

À son arrivée à Genève en 1997, Édouard Stern s'installe dans une maison de la campagne genevoise, 200, route de Jussy, à Presinge dans un petit hameau baptisé L'Avenir. Une grande maison située à l'orée d'un bois où il est officiellement domicilié chez Jérôme Mangin, petit-fils du célèbre général Mangin, grand militaire de l'époque coloniale. Jérôme Mangin fait partie de la famille. Il n'est autre que le frère de Charles-Henri Mangin, beau-frère d'Édouard Stern dont il a épousé la petite sœur Marguerite.

Hormis les proches de la victime et quelques élus de la finance genevoise, très peu de personnes savent qu'Édouard Stern s'est installé à Genève. Lorsqu'il sort déjeuner ou dîner, c'est le plus souvent avec ses plus proches associés : Jérôme Mangin, Christian Larpin, Alexandre Koifmann et Alain Andrey. Il déjeune au bas de la rue Villereuse, au Hashimoto, le restaurant japonais. Stern est un grand amateur de sushis. Il peut en manger jusqu'à cinquante pièces au cours d'un repas !

L'homme a ses petites habitudes. Il adore les fameuses tomates mozzarella du Jeu de l'Arc, restaurant cossu de Genève situé juste à côté du cabaret Le Velvet ; l'une des boîtes où le Genève mondain vient parfois s'encanailler. Édouard Stern n'y a jamais été vu. Outre les tomates mozzarella avec un filet d'huile d'olive, il commande souvent des pâtes à l'arrabiata. Il est aussi friand de cuisine thaïlandaise. Son autre cantine, c'est Le Thaï, dans le centre-ville.

« Lorsqu'il venait déjeuner au restaurant, il était très souvent pressé. Il bossait sur son ordinateur portable et passait beaucoup de temps au téléphone », se souvient le patron de L'Aïoli, un restaurant de la rue Adrien-Lachenal. Un train de vie modeste qui ne trahit en rien son immense fortune. Stern n'expose pas sa richesse. « C'était un vrai radin », plaisante encore l'un de ses amis. Parfois, pourtant, Édouard Stern s'autorise des coups de folie. Une semaine avant sa mort, il abandonne son Roadster Mercedes AMG pour une magnifique Bentley verte aux sièges en cuir blanc. Le dernier modèle, une Mulsan... Un bijou qui vaut une fortune, garé dans le parking souterrain de son appartement et soigneusement recouvert de sa bâche de protection.

« Là, il m'a étonné, poursuit cet ami. Une fois, il a refusé d'acheter un monospace Toyota parce que le garage ne lui concédait pas plus de 8 % de remise. Avec la Bentley, il a claqué une fortune sur un simple coup de tête. »

Discret, Stern n'en demeure pas moins très actif. Il réalise de très belles opérations dans l'immobilier genevois. Il sera notamment en affaire avec un restaurateur associé dans le restaurant La Potinière.

Compte tenu des circonstances de sa mort, ceux qui l'ont fréquenté à Genève et à Paris se gardent bien de le crier sur les toits. Quelques heures après sa mort, l'une de ses relations d'affaires se résout pourtant à sortir de l'ombre pour évoquer le souvenir de son ami. Christian Larpin est un financier vaudois établi à Genève avec lequel Édouard Stern avait failli faire affaire lors de la reprise de l'agence de mannequins Elite en 2000. Christian Larpin accepte de parler « parce que Édouard ne peut plus se défendre ». Il se souvient de son ami : « Un homme qui fascinait. Lorsqu'il entrait dans un restaurant, tout le monde le regardait. Édouard était tout sauf consensuel. Avec lui, c'était tout ou rien. C'est vrai qu'il avait son caractère. “Quand je suis stressé, m'avait-il confié au début de notre relation, je dis parfois des choses qui dépassent ma pensée, je tiens à vous prévenir.” Il ne sentait pas la douleur non plus. Une fois, je l'ai vu taper rageusement du poing sur la table. Ce geste lui avait valu un doigt cassé mais il ne l'a senti que le lendemain. »

Christian Larpin poursuit : « Édouard ne sortait jamais, ne buvait jamais, ne fumait pas. Il avait une vie très simple, se couchait à 23 heures et pouvait dîner d'une pomme et d'un yaourt. » Son entourage le confirme. Pas de trace d'un Édouard Stern qui court les cocktails ou hante les nuits genevoises. À Genève, on le voit de temps à autre participer à des œuvres caritatives. Sept jours avant sa mort, le financier assiste à une soirée de gala donnée par la fondation Children's Action. « Il s'y était déjà rendu en 2004. C'était l'animateur des *Enfants de la télé*, Arthur, qui présentait la soirée », indique une agence de relations publiques.

Maria Pires s'est toujours étonnée de voir un homme fortuné goûter à des plaisirs aussi simples que de boire une bouteille d'eau au goulot. Son appartement de la rue Adrien-Lachenal est sans vie. « Je crois qu'il n'a jamais dû faire tourner son lave-vaisselle. Pour lui, je n'achetais que de l'eau, du Coca-Cola light, des fruits et des laitages », raconte sa dévouée employée de maison. Le seul moment où l'appartement prenait vie, c'était lorsque les enfants d'Édouard Stern venaient y passer quelques jours pendant les vacances.

Peu de temps après la mort du banquier, un autre témoin se répand dans la presse pour parler d'Édouard Stern. L'association est étonnante. On voit mal comment le sociologue et ancien député socialiste au parlement suisse, Jean Ziegler, a pu rencontrer le banquier assassiné ! L'homme a l'habitude des caméras ; on peut même dire qu'il les apprécie fortement. « On m'a demandé si je connaissais monsieur Stern. J'ai simplement répondu que je l'avais rencontré à deux ou trois reprises : deux fois au stade du Bout-du-Monde, où il s'entraînait pour le marathon de New York – j'étais venu rejoindre l'un de mes collaborateurs qui s'entraînait lui aussi – je l'ai également rencontré au cours d'un dîner. Nous avons un peu parlé. Il m'a dit qu'il avait lu mon livre *Les Vivants et la Mort*[1]. Je n'en sais pas davantage ! », explique Jean Ziegler, aujourd'hui rapporteur spécial de la Commission des droits de l'homme sur le droit à

1. Jean Ziegler, *Les Vivants et la Mort*, Seuil, 1978.

l'alimentation auprès des Nations unies. En juin 2006, l'organisation UN Watch a mené campagne contre l'écrivain et ex-député socialiste suisse. Proche d'Israël, UN Watch reproche au sociologue tiers-mondiste d'avoir parrainé, en 1989, la création d'un prix des droits de l'homme décerné en Libye par la Fondation Kadhafi. Cette accusation fait les titres de la presse helvétique. Ziegler reconnaît avoir été consulté par Tripoli : « Il s'agissait d'une ouverture du régime libyen. » Il attribue cette campagne à ses positions propalestiniennes.

La plupart du temps, les gens qui témoignent dans la presse le font sous le couvert de l'anonymat. « Stern était très désagréable en affaires. Avec lui, un accord n'était jamais un accord. On pouvait se serrer la main en se quittant. Le contrat qui arrivait ensuite n'avait rien à voir avec le deal de départ », raconte un célèbre promoteur immobilier genevois. Dans son immense bureau du quartier de Rive, l'homme se souvient de sa première rencontre, il y a plusieurs années, avec Édouard Stern. Tous les deux sont sur le même coup : une grosse opération à Paris.

Il le croise quelques semaines avant sa mort pour une affaire immobilière dans le quartier de Châtelaine. Édouard Stern avait acquis le terrain de l'ancien garage Fiat, rue de Lyon. Il l'avait payé trop cher et voulait racheter le terrain voisin pour « diluer la perte ». « Nous avons négocié mais l'affaire ne s'est pas conclue. Il est mort quelques jours plus tard », poursuit le promoteur.

Édouard Stern n'est pas le seul à spéculer sur l'immobilier à Genève et en Suisse. De nombreux fonds de pension américains cherchent à placer de l'argent sur ce marché juteux. « Il n'avait pas vraiment changé depuis notre première rencontre, affirme un autre homme d'affaires genevois. Édouard Stern avait une manière bien à lui de faire comprendre à ses partenaires potentiels que c'était un véritable privilège d'amorcer une relation d'affaires avec lui. Il traitait mal les gens. Sans doute une forme de protection de sa part », analyse-t-il aujourd'hui avec le recul.

Les montagnes russes

Début mars 2005, Alain Delon joue au Grand Casino de Genève *Les Montagnes russes.* La comédienne Astrid Veillon partage la vedette avec lui. C'est l'histoire d'une rencontre nocturne entre un homme mûr et une jolie jeune femme esseulée. La critique est plutôt bonne. Quelques semaines plus tôt, le Tout-Paris est venu applaudir le « monstre sacré » du cinéma français. Dans le public : des amis et des proches. L'ancien ministre Roland Dumas est l'un des premiers à se lever pour applaudir l'acteur.

Alain Delon connaît bien Genève. Il s'est installé sur les bords du Léman il y a une vingtaine d'années et a confié la gestion de ses affaires à Me Dominique Warluzel, l'avocat des stars, son ami, son confident.

Alain Delon apprend la mort de Stern deux jours avant la première. Genève bruisse de rumeurs. Il est question de mafia russe et de « contrat ». L'acteur veut connaître les détails de l'affaire. Comme beaucoup de gens à ce moment-là, il s'interroge sur les circonstances de la mort du banquier. L'acteur ne connaissait pas Édouard Stern. Les deux hommes avaient ce point commun : ils avaient soutenu l'ascension du général Lebed. Delon et Stern en possédaient d'autres. Comme Delon, Stern était un guépard, un grand fauve autant admiré que redouté. Ils partageaient aussi le goût des secrets bien gardés.

« Édouard était un peu comme Mitterrand, il pouvait fréquenter des gens un peu "limites" par fascination », explique son ami Christian Larpin.

« C'était un homme fasciné par les voyous et, à ce titre, l'univers russe le passionnait par sa violence. J'ai eu beau lui dire que le jeu était risqué, il s'est ainsi entêté à miser sur des bons du Trésor russe qui, lors de la dévaluation de 1998, ont fini par lui faire perdre beaucoup d'argent », confirme l'un de ses amis dans le *Figaro*[1].

Dans le carnet d'adresses d'Édouard Stern, on ne trouve pas que le gratin mondial de la finance, de la diplomatie et de la politique, il y a aussi des personnages plus controversés. Certains ne plaisent pas à son entourage. Ces Russes, justement, avec lesquels Édouard Stern faisait affaire, par exemple...

L'enfant terrible de la finance

Édouard Stern naît le 18 octobre 1954 à midi dans une famille qui appartient à l'aristocratie française depuis 1823. La famille Stern figure, aux côtés des Fould et des Worms, parmi les premières familles de banquiers juifs arrivées en France après la Révolution française.

Le petit Édouard grandit dans un hôtel particulier de la rue Barbet-de-Jouy, dans le VIIe arrondissement de Paris, près des Invalides, le quartier des ambassades et des ministères. Dans la famille Stern, on est banquier de père en fils. Le père, Antoine Jean Elie, est un homme au caractère austère. Distant avec ses enfants, davantage intéressé par la chasse, les belles voitures, notamment ses Jaguar, et... les femmes. Son temps libre, il le consacre à ses chiens de chasse. Tel est le tableau que l'on dresse le plus souvent du personnage.

La mère d'Édouard Stern, Christiane Laroche, est la fille d'un ambassadeur et l'ex-femme de Jean-Claude Servan-Schreiber, ancien patron de la Régie française de publicité, la RFP. Jean-Claude Servan-Schreiber est le frère de Jean-Louis Servan-Schreiber, fondateur et patron de *L'Express*.

1. *Le Figaro*, 15 avril 2005.

Avec Jean-Claude, Christiane a eu deux filles : Fabienne et Sophie. Édouard a une petite sœur, Marguerite. Toute la tribu vit dans l'hôtel particulier de la rue Barbet-de-Jouy. L'éducation y est stricte ; Édouard, garçon au caractère turbulent, se réfugie souvent auprès de sa nurse Lily, l'une des sept employées de maison. Mi-allemande, mi-polonaise, elle lui apporte l'affection dont il manque. Elle fait aussi office de préceptrice pour le petit garçon. La mère d'Édouard Stern adore son fils mais elle aime aussi – et surtout – courir les défilés des grands couturiers et les cocktails. Quant aux rapports père-fils, ils ne sont pas très bons. Antoine Jean Elie n'est pas un père démonstratif. Dans les grandes familles aristocratiques, on n'a pas l'habitude d'étaler ses sentiments. Seulement, l'opulence ne remplace pas la présence[1]. Édouard Stern et son père sont en froid pendant quinze ans.

De cette époque, il subsiste une photo en noir et blanc légèrement jaunie. Elle a été prise en 1955. Le genre de cliché que toutes les grandes familles exposent dans un cadre en argent sur une cheminée. La famille idéale pose avec un petit bébé en barboteuse et en chaussons blancs. Édouard est assis sur les genoux de sa mère qui regarde sans sourire l'objectif. Derrière elle, Antoine, son mari. À côté, les grands-parents Stern. Seule Alice Stern, la grand-maman qu'Édouard a toujours adorée, regarde le petit bébé avec amour en lui tendant le petit doigt.

Alice Stern a fui les nazis pendant la guerre pour se réfugier à New York, où elle vit encore.

Édouard Stern grandit seul, livré à lui-même, passant plus de temps à se bagarrer qu'à étudier. Ses anciens camarades ont le souvenir d'un enfant sombre, difficile, torturé.

C'est déjà un solitaire. Fabienne, sa demi-sœur, va le prendre sous sa protection. Ils garderont toujours une vraie complicité. « Pour lui, j'étais sa “grande petite sœur” », raconte celle qui est devenue productrice.

1. *Le Monde*, 3 mars 2005.

À l'adolescence, Édouard se forge un caractère bien trempé. Il se fabrique un monde à lui où il commence déjà à défier les autres. Il veut se mesurer à ses camarades et être le plus fort et le plus brillant. L'un de ses jeux consiste à faire tomber ses amis de vélo. Il est celui qui ose faire ce que personne n'ose. Un jour, il met ses cousins au défi de boire tout un encrier. Il est le seul à ne pas faire semblant. D'un geste décidé, il avale le liquide, plus noir que celui d'une pieuvre.

L'enfance d'Édouard Stern est évoquée dans un livre paru quelques jours après sa mort. Une pure coïncidence. Dans *Les Orphelins*[1], Hadrien Laroche, cousin germain de Stern, conseiller culturel au ministère français des Affaires étrangères, s'épanche sur l'enfance d'un certain H. né Berg. Il s'agirait d'Édouard Stern, ce cousin qui le fascinait. Le livre raconte que le petit Édouard devait emprunter l'escalier de service pour rentrer dans l'hôtel particulier de la rue Barbet-de-Jouy. Selon l'auteur, le jeune garçon logeait sous les combles. Hadrien Laroche écrit : « Chaque fin de semaine, le père venait contrôler le niveau de fioul de la chaudière [...], ainsi, il avait une idée précise de ce que son fils lui coûtait. » À suivre ce roman, Antoine Jean Elie Stern exigeait que son fils ne marche pas sur le tapis persan. En guise de quatre-heures, le petit Édouard avait droit à quelques miettes de pain, des brisures récupérées par sa mère chez le boulanger. Il semble bien que ce soit là pure invention romanesque.

Début des années soixante, Édouard Stern est envoyé dans un collège en Angleterre. Un cursus classique pour les enfants de bonne famille.

Il passe l'été à Dinard, l'hiver à Megève ou à Courchevel. Grand et athlétique, Édouard Stern est un sportif accompli. Excellent skieur, il dévale les pistes noires en schuss, comme dans la vie, sans regarder qui arrive sur les côtés. Cette envie d'en découdre le conduit naturellement vers les arts martiaux.

1. Hadrien Laroche, *Les Orphelins*, Allia, Petite Collection, 2005.

Il pratique le judo et le karaté, passe sa ceinture noire et trouve un défouloir sur les tatamis. On le croise aussi sur les golfs, les terrains de tennis ou à cheval. Quand il le peut, il participe au marathon de New York.

À dix-neuf ans, il quitte l'univers familial qui l'oppresse tant. Il fait ses valises et s'installe dans un studio du XIIIe arrondissement de Paris, qui, à l'époque, devient le quartier chinois. Pour être libre, il s'affranchit des règles de la rue Barbet-de-Jouy. Grisé par cette nouvelle liberté, cette fureur de vivre, il roule à tombeau ouvert dans les avenues de la capitale.

Édouard Stern rêvait d'entrer à l'ENA, la prestigieuse École nationale d'administration dont sortent tous les hommes de pouvoir. Mais il n'est pas assez travailleur pour cette pépinière d'hommes illustres. Il choisit donc une autre filière : l'ESSEC, l'École supérieure des sciences économiques et commerciales de Paris. Parallèlement, il tente Sciences-Po. Ce sera un échec. Impossible de mener de front les deux cursus. Stern est trop boulimique d'aventures.

Voici l'une des histoires qui circulent concernant cette époque. Il est alors à l'ESSEC, l'une des premières écoles d'affaires à Paris. Stern a parié avec un collègue de classe qu'il pouvait conduire sa Golf GTI à plus de 100 km/h dans l'enceinte de l'école. Un groupe de copains s'est rassemblé à 3 heures du matin pour chronométrer l'exploit. Malheureusement, un policier surprend la scène. Édouard Stern perd son permis de conduire. Peu de temps après, l'étudiant insère une annonce dans le bulletin de l'ESSEC. Il cherche « personne pouvant conduire voiture de sport deux fois par jour. » Plusieurs camarades répondent. Édouard Stern embauche alors son premier chauffeur !

La même année, il sympathise avec Henri Weber, compagnon de Fabienne Servan-Schreiber : un trotskiste historique pour beau-frère, voilà qui l'amuse beaucoup. Les deux hommes s'entendent bien. Plus tard, Henri Weber entre au Parti socialiste. Il fait la passerelle entre Stern et son mentor Laurent Fabius ; ils deviendront très proches.

Il n'a pas encore son diplôme de l'ESSEC en poche que le jeune homme se lance, à vingt-deux ans, dans les affaires.

Fin 1976, il « rentre à la maison ». Il rejoint la Banque Stern comme administrateur et retrouve son père. Des retrouvailles difficiles. La légende veut qu'il choisisse ce moment-là pour solder ses comptes avec son enfance en poussant son père vers la sortie. La réalité est différente. Édouard Stern n'est pas en mesure d'évincer son père lorsqu'il arrive dans la banque. Ce sont en réalité les deux frères d'Antoine Jean Elie qui manœuvrent. Ils veulent sauver la Banque Stern au bord de la faillite. Ils poussent donc Édouard à prendre les rênes car il a la confiance de sa grand-mère, l'une des actionnaires.

Lorsqu'il arrive, l'établissement bancaire se trouve, en effet, dans une mauvaise passe. Les policiers de la brigade financière viennent de faire une descente rue de Penthièvre, au siège de la banque. Il y a le feu dans la boutique. Le nom de la Banque Stern est cité dans une affaire de blanchiment d'argent sale et de financement politique qui passe par le Tchad. Malgré cette histoire, le jeune Édouard Stern fait des miracles et sauve la banque familiale. Il veut construire une nouvelle Banque Lazard, une grande banque d'affaires. L'équipe qu'il recrute autour de lui est considérée comme l'une des meilleures de la place de Paris. Stern récupère tour à tour Claude Pierre-Brossolette, Philippe Jaffré puis Jean Peyrelevade. Le premier a été secrétaire général de la présidence de la République sous Giscard d'Estaing, le deuxième a tenu les cordons du Trésor, le troisième a été directeur de cabinet de Pierre Mauroy. Résultat : la Banque Stern renoue avec les bénéfices. C'est la période où tout réussit à l'ambitieux Édouard Stern.

En 1983, il épouse Béatrice, la fille aînée du patron de la Banque Lazard et frères. Celle-ci a toujours aimé Édouard. Ils auront trois enfants.

2

La piste Cécile Brossard

Trahie par la clef

Dès la découverte du crime, les enquêteurs – comme dans nombre de dossiers criminels – se concentrent rapidement sur l'environnement proche de la victime. Un détail les trouble : la porte d'entrée de l'appartement du 17, rue Adrien-Lachenal était fermée à clef. Aucune trace d'effraction n'a été relevée par les hommes de la Brigade technique et scientifique de la police genevoise.

D'emblée, les policiers émettent l'hypothèse que le meurtrier connaît bien les lieux et qu'il possède vraisemblablement un double des clefs ou qu'on l'a laissé entrer.

C'est d'ailleurs à partir d'un jeu de clefs manquant de l'appartement que les enquêteurs remontent la piste de la suspecte. Maria, la femme de ménage portugaise d'Édouard Stern, confirme le jour de la découverte du crime qu'il existe sept trousseaux de clefs en circulation. Comme la porte a été refermée, il suffit peut-être de retrouver les clefs pour connaître le coupable. Les policiers – qui travaillent quinze heures par jour sur ce dossier – s'évertuent à récupérer, un par un, les fameux sésames. Trois se trouvaient dans l'appartement. Un trousseau était rangé dans les affaires de Stern. L'un de ses associés en possédait toujours un sur lui. Le sixième, c'est celui que Maria Pires conserve pour venir faire le ménage tous les matins.

La partie de Cluedo commence sans que la presse ne soit informée, bien entendu, des secrets de cette enquête ô combien particulière. Le jeu de clefs manquant livre rapidement le nom d'un suspect de premier plan : Cécile Brossard, maîtresse d'Édouard Stern.

Dans les locaux de la police judiciaire de Genève, des dizaines d'enquêteurs sont mobilisés pour élucider l'affaire Stern. Depuis longtemps, la police genevoise n'a connu une telle effervescence. Les moyens dont les policiers disposent sur ce dossier sont quasiment illimités.

Tous les proches de la victime, ses collaborateurs, ses relations d'affaires sont auditionnés pendant des heures. Un travail classique d'enquête est engagé auprès des établissements bancaires afin de déterminer si les cartes de crédit du financier abattu ont été utilisées depuis son décès, le 28 février 2005. Dans de nombreuses affaires criminelles, cette méthode permet de remonter jusqu'au meurtrier ou à un suspect. Par exemple, dans le cas de la mort de la fille du comédien Roland Giraud, Géraldine, et de son amie Katia, au mois de novembre 2004, le principal suspect a été interpellé après avoir utilisé dans un supermarché les cartes bleues des deux jeunes femmes.

Le juge Michel-Alexandre Graber épluche les documents trouvés dans les coffres de l'appartement et des bureaux de la victime. Les membres de la police technique et scientifique effectuent des tests avec la cinquantaine d'armes retrouvées dans le logement de ce grand collectionneur de pistolets. Ce travail long et fastidieux nécessite plusieurs semaines. Il est supervisé par une connaisseuse en la matière, Monica Bonfanti, docteur en criminalistique, qui devient, dix-huit mois plus tard, chef de la police de l'État de Genève. Une première en Suisse[1].

1. Genève est l'un des vingt-trois États souverains de la Confédération helvétique. Chacun a son propre gouvernement, ses propres lois, sa propre justice, sa propre police, ses propres écoles, ses propres universités, son propre fisc, sa propre

Édouard Stern était un amateur de « gros calibres », pour reprendre les termes d'un armurier de la place de Genève. « Sur la cinquantaine de pistolets qu'il possédait à son domicile, la moitié seulement était répertoriée auprès du Bureau des armes de la police genevoise », confie une source proche de l'instruction [1].

En l'état du dossier, on ne sait toujours pas avec quelle arme le financier a été abattu. Des analyses, des tirs de comparaison, sont effectuées à Genève et, comme cela se pratique toujours dans de tels cas, les résultats sont envoyés dans un laboratoire spécialisé à Zurich. « C'est le *Wissenschaftlicher Dienst* (service de police scientifique) de la police du canton de Zurich qui centralise toutes les affaires d'armes à feu pour la Suisse », précise un enquêteur. « Cela peut prendre des semaines. Ce service permet aussi de déterminer si une arme n'a pas été utilisée lors d'un autre crime », poursuit une autre source policière genevoise.

trésorerie. Berne, la ville fédérale (capitale), abrite le pouvoir central avec son Conseil fédéral (exécutif de sept membres) et les deux chambres de son Parlement comprenant respectivement deux cents et quarante-six sièges. L'autorité centrale n'exerce que les pouvoirs (limités) que lui ont délégués volontairement et spécifiquement les États confédérés souverains. En Suisse, ces États sont dénommés « cantons ». Il n'existe qu'un seul code pénal (depuis 1942) mais... vingt-trois codes de procédure pénale...

1. En Suisse, tous les hommes soumis au service militaire dans l'armée de milice ont l'obligation de détenir leur arme de service et sa munition à la maison. Tandis que les militaires licenciés ont le droit de conserver leur arme à leur retraite, plus de 40 % l'acceptent. Au total, les spécialistes estiment donc que plus de 350 000 armes sont ainsi stockées dans les ménages suisses, soit : 230 000 fusils d'assaut détenus par des militaires actifs, 51 600 pistolets d'ordonnance et plus de 70 000 pistolets détenus par des militaires licenciés à l'issue de leur service (ce chiffre ne vaut que pour les dix dernières années). On évalue le nombre annuel de meurtres et de suicides commis avec ces armes militaires détenues par des citoyens-soldats à quelque cent quatre-vingts. En juin 2006, un projet de loi (socialiste) entendait mettre un terme à la conservation de telles armes à la maison au profit de leur dépôt obligatoire dans les arsenaux.

Le juge d'instruction Graber attend beaucoup de ces expertises balistiques. Il veut savoir si les coups ont été tirés à bout portant. Il veut aussi gagner du temps.

Via Interpol Suisse, à Berne, la France exige de connaître l'état d'avancement des investigations. En vain. À la grande surprise de la France, le juge Graber n'a pas demandé d'entraide judiciaire. « S'il avait estimé cela nécessaire, il l'aurait fait, remarque le procureur général de Genève, Daniel Zappelli. Tel n'a pas été le cas. Le crime a été commis en Suisse et il n'y a, à ce stade, aucune raison d'alerter nos voisins. »

Le juge Michel-Alexandre Graber confie que la seule chose qui l'intéresse, lui, magistrat helvétique, c'est ce qui s'est passé ce fameux 28 février 2005 au soir.

Alors que les médias spéculent sur les commanditaires de ce mystérieux assassinat, l'autopsie du corps de la victime est pratiquée par les médecins de l'Institut universitaire de médecine légale de Genève. Des examens toxicologiques sont également effectués afin de trouver la trace d'éventuelles substances étrangères dans les tissus de la victime. Les résultats de ces recherches sont tenus secrets.

Les enquêteurs visionnent les cassettes de vidéosurveillance du parking de l'immeuble. La presse l'ignore encore mais l'une des bandes magnétiques fournit de précieux indices sur les allées et venues des personnes présentes dans le parking le soir du meurtre. Les informations conduisent, loin du brouhaha médiatique, à identifier le principal suspect, en l'occurrence une femme : la maîtresse régulière et attitrée d'Édouard Stern depuis quatre ans, une certaine Cécile Brossard.

La Française de trente-six ans est filmée par les caméras de sécurité à 21 h 15 : elle sort du parking sur la rue Adrien-Lachenal, au volant d'une Mini. La voiture appartient à Xavier Gillet, un naturopathe exerçant à Aigle, dans le canton de Vaud.

Qui a tué Édouard Stern ? Toutes les hypothèses, même les plus farfelues, sont passées en revue dans les journaux. En réalité, peut-être suffisait-il de « chercher la femme »... Pour le juge Graber, Cécile Brossard est déjà la suspecte numéro un.

La suspecte

La vie de Cécile Brossard est loin d'être un long fleuve tranquille. Elle commence le 20 mars 1969 à Conflans-Sainte-Honorine, dans les Yvelines, à mi-chemin entre Soissons et Paris. Une petite commune de la région Île de France dont Michel Rocard a été maire, en 1977.

La jeune Cécile passe sa petite enfance avec ses parents et Delphine, sa sœur cadette. Son père, Michel, publicitaire puis consultant en ressources humaines, est un rescapé de Mai 68. Son épouse, Marianne, se morfond de dépression en dépression.

Cette petite fille vit au milieu d'un couple qui se déchire. Son enfance chaotique est marquée par le divorce de ses parents à l'âge de huit ans : sa mère se sépare de son père avec lequel elle vit une relation freudienne, de l'aveu même de Michel Brossard.

Cécile habite avec sa mère. Elle retrouve son père à l'adolescence. L'aînée des sœurs Brossard prend alors quelques libertés avec le lycée de Conflans-Sainte-Honorine. Elle sèche les cours.

Michel Brossard, soixante-trois ans, dresse un portrait peu flatteur de Cécile : « C'était une fille fascinée par l'argent, attirée par le luxe. Une fille qui portait des jupes très courtes et des corsages. Une fille qui a eu très tôt des petits copains qu'elle faisait dormir dans sa chambre. Cécile m'a toujours dit qu'elle cherchait un mari amoureux et riche afin de pouvoir faire des voyages et se consacrer à l'art. » Le père de Cécile Brossard poursuit : « La musique, la peinture, la littérature, ce sont les grandes valeurs que j'ai souhaitées inculquer à Cécile. Ma fille a baigné dans l'art, la musique et les livres, en particulier Bach, Mozart ou Saint-Exupéry. [1] »

À seize ans, Cécile Brossard quitte l'école et la maison. Elle veut se débrouiller seule. La jeune fille vit d'expédients, de petits boulots : barmaid chez Elitair Maxim's, employée chez un

1. *L'Express*, 21 mars 2005.

maroquinier de luxe duty free, à l'aéroport de Roissy-Charles-de-Gaulle au début des années 1990. Cécile Brossard fait aussi un détour par l'Angleterre pour perfectionner son anglais. Elle travaille dans un hôtel-restaurant du nord de Londres fréquenté par les gens du show-biz et de la télévision.

« Elle avait déjà un caractère bien trempé, brillant et extraverti. Je n'ai jamais jugé ce qu'elle faisait », ajoute Michel Brossard[1]. Le publicitaire se brouille avec sa fille en 1996. Pourquoi ? Michel Brossard dit qu'au milieu des années 1990 Cécile, de son propre aveu, fait une brève incursion de quelques mois dans la galanterie de luxe, à Paris. Parmi ses liaisons, quelques grandes passions : des hommes qui, probablement, la traitent mal. Cécile Brossard subit les ruptures. Elle déprime et tente de se suicider. Les anxiolytiques, les antidépresseurs l'aident pourtant à survivre.

Lorsque la jeune femme rencontre Xavier Gillet, c'est un peu un père qu'elle retrouve. Ce père qui lui a manqué et qu'elle continue de rechercher. Sans doute aussi Xavier Gillet joue-t-il le rôle du thérapeute qui peut venir à bout des souffrances cachées et profondes de Cécile Brossard. Il l'aime à tel point qu'il quitte son épouse, avec laquelle il travaillait dans son cabinet de chiropractie à Gstaad. Le couple se marie à Las Vegas en 1998. Il s'installe à Clarens, au 4, rue du Lac, dans un vaste appartement de 190 mètres carrés dominant le Léman. Clarens, exquise bourgade du littoral lémanique que choisit jadis Stravinsky pour s'inspirer et composer son *Sacre du printemps* (1913). Clarens où le compositeur russe conçut aussi son *Petrouchka* dont il se remémorait la gestation en ces termes : « J'eus nettement la vision d'un pantin subitement déchaîné qui, par ses cascades d'arpèges diaboliques, exaspère la patience de l'orchestre, lequel, à son tour lui réplique par des fanfares menaçantes. Il s'ensuit une terrible bagarre qui, arrivée à son

1. *L'Express*, 21 mars 2005.

paroxysme, se termine par l'affaissement douloureux et plaintif du pauvre pantin... »

Petrouchka, un drame passionnel qui mène à la mort du héros. Troublante coïncidence... Avant que son amant, lui aussi, ne soit réduit au rang de pantin désarticulé et sans vie dans sa combinaison de latex, Cécile Brossard a pratiqué une autre forme d'hédonisme : la bonne chère en compagnie de son mari.

Le couple fréquente les meilleures tables de Suisse. Cécile Brossard mène la belle vie. Elle ne travaille pas. Elle n'est pas du genre à courir les boutiques, à s'habiller chez les grands couturiers. Son vrai luxe : pouvoir mener une vie oisive. Se lever à midi, se prélasser au spa du Palace de Montreux, se faire masser pendant des heures. La vie avec Xavier n'est de loin pas la plus désagréable. Il lui ouvre un compte bancaire, elle bénéficie de sa carte de crédit Gold. Mais Xavier Gillet, dont le cabinet de thérapie marche bien, se heurte à quelques déboires financiers. Début 2005, l'Office des poursuites du canton de Vaud lui réclame environ 355 000 euros.

Chaque semaine, ou presque, elle part se ressourcer quelques jours à Nanteuil-le-Haudouin, dans l'Oise. Un petit bourg dynamique associé à l'histoire de la France grâce à l'épopée des taxis de la Marne [1].

Cécile Brossard y a acquis sa maison en 1993. Quelques mois avant la mort d'Édouard Stern, elle a acheté une grange, juste derrière la maison, où elle projette d'installer son atelier de sculpture et de peinture. L'une des autres facettes, le jardin

1. En septembre 1914, le général Gallieni, gouverneur militaire de Paris, réquisitionne plus de 600 taxis pour transporter 4 000 hommes de Gagny à Nanteuil-le-Haudouin, en vue de renforcer la Ve armée qui attaque l'armée de von Kluck. L'État français paiera la totalité du prix de la course aux compagnies de taxis, qui roulaient au compteur. La bataille sera gagnée et l'invasion allemande, stoppée.

secret pourrait-on dire, de cette jeune femme, qui signe ses œuvres du nom de « Cescils ».

Un catalogue, édité en 2004 par le galeriste parisien Albert Benamou, expert en bronzes de Rodin, regroupe son travail accompagné de poèmes érotiques. Extrait : « Les seins pointés vers les larmes de toi comme le couteau [...] aux essences nerveuses de tout désir, rendue servile au pays de tes lois, et moi tes chaînes. »

Cécile Brossard n'a certes pas le talent de Camille Claudel. Mais ses œuvres dégagent une émotion. Sans doute sont-elles le reflet de ses tourments. Les derniers temps avant la mort du banquier, elle peint inlassablement des portraits torturés de son amant. Elle sculpte surtout des femmes nues aux positions ou aux expressions évocatrices. Les œuvres de Cécile Brossard renvoient inexorablement au sexe : les fesses reluisent ou les seins pointent vers le ciel. Sa sculpture baptisée *Échappatoire* laisse apparaître une femme étendue. *Vice versa*, réalisé à partir d'un moulage sur corps, est un bronze ciselé, représentant un tronc de femme fortement érotisé ; avec *Souffle d'âme*, un bronze brut, le visage féminin aux yeux fermés et à la bouche grande ouverte s'offre aux désirs masculins. La plupart de ses œuvres sortent de l'atelier de fonderie de Campeaux, dans l'Oise, à quelques kilomètres de Nanteuil-le-Haudouin.

À Nanteuil-le-Haudouin, les habitants voient Cécile Brossard comme un ancien mannequin qui se ressource trois ou quatre jours par semaine loin de la capitale. Dans le logis où elle compose ses poèmes à l'eau de rose et sculpte ses bronzes érotiques, Cécile Brossard vit quelques moments de répit : « Un peu de sérénité dans une épouvantable descente aux enfers », pour reprendre les termes de ses avocats [1] décrivant le parcours « dramatique » qui a conduit leur cliente à son destin fatal.

Jusqu'au 28 février 2005, Cécile Brossard était une parfaite inconnue aux yeux des services de police helvétiques. En France, également, elle possédait un casier judiciaire vierge.

1. *Le Matin Dimanche*, 20 mars 2005.

La vie de Cécile Brossard bascule au mois de juillet 2001 lorsqu'elle rencontre Édouard Stern à l'occasion d'un dîner parisien organisé par le galeriste Albert Benamou. Passionné d'art, Stern fréquente régulièrement les salles des ventes de Christie's et de Sotheby's. Albert Benamou lui a vendu des tableaux de Francis Bacon. Bob pour les intimes, tient depuis 1987 la galerie Albert Benamou, rue de Penthièvre, à Paris. Spécialisé dans l'art contemporain, il présente certains artistes du « nouveau réalisme » (Arman, César), du mouvement Fluxus (Nam June Paik, Kudo), du groupe des artistes américains réalistes contemporains (William Kennon, Graydon Parrish), mais aussi de jeunes talents français. Récemment, la galerie a exposé les toiles de cette nouvelle génération d'artistes chinois comme les artistes de performances Zhang Huan et Ma Liuming, et les peintres Zhu Bing et Feng Zheng-jie.

Cécile Brossard tombe sous le charme de Stern, un homme beau, riche, charmant, cultivé et délicat qui lui murmure des poèmes au creux de l'oreille... Elle sait être à l'écoute. Elle, la gosse de banlieue cabossée par la vie, est avide de savoirs. Le banquier l'initie à la peinture et à la littérature. « C'est une fille sympathique, intelligente, même si, intellectuellement, ce n'est pas Simone de Beauvoir », remarque une de ses proches amies. Pendant environ deux ans, elle cache à Xavier Gillet qu'elle a rencontré quelqu'un d'autre. Un brin machiavélique, elle provoque même une rencontre entre les deux hommes de sa vie...

La scène se déroule au Château de Bléneau, en Bourgogne, propriété d'Édouard Stern. Un vieux château acquis en 1994 et retapé en une somptueuse demeure où le banquier recevait régulièrement hommes politiques et décideurs de la finance, de l'industrie et de l'administration, qui arrivaient par hélicoptère.

Cécile Brossard dit à Édouard et à Xavier, ses « deux hommes », qu'elle aimerait qu'ils se rencontrent. Édouard Stern sait que Xavier Gillet est le mari de Cécile. Édouard se plaint d'un mal de dos. Et, tout naturellement, Xavier vient lui masser le dos, entre coccyx et lombaires, axis et atlas sous le regard attentif et vigilant de Cécile Brossard...

La vie n'a pas épargné Cécile Brossard. Sans doute ses avocats plaideront-ils une enfance malheureuse et la grande fragilité psychologique de leur cliente lors du procès. Ils révéleront probablement les errances de cette femme. Une Cécile Brossard qui avait déjà beaucoup maigri avant le drame et semblait nerveusement à bout, avalant des tranquillisants comme d'autres avalent des bonbons. Encore leur faudra-t-il expliquer l'autre face de la jeune Française. Les avocats plongeront certainement dans leurs dossiers pour exhiber comme autant de trophées probants les nombreux courriels d'amour échangés entre les deux amants, les SMS brûlants et les lettres enflammées. Sans nul doute feront-ils aussi état de la lettre de promesse de mariage bien réelle, rédigée en novembre 2004 par Édouard Stern, lettre dont Cécile Brossard a obtenu photocopie et qu'elle conserve jalousement en détention, relique tragique et vénérée d'une passion mortelle. Une passion dans laquelle s'est glissé l'argent. Dans la lettre évoquant la promesse de mariage, Édouard Stern s'est aussi engagé à verser un million de dollars pour assurer l'indépendance de sa maîtresse. Quelques jours avant sa mort, il avait fait bloquer l'argent versé sur le compte bancaire de Cécile Brossard, estimant qu'elle n'avait pas tenu ses engagements.

Les avocats constateront enfin les nombreux allers-retours de Cécile Brossard à Belle-Idée, l'hôpital psychiatrique si mal nommé de Genève, répétant inlassablement qu'elle a tué celui qu'elle aimait. Ils devront aussi expliquer pourquoi, alors qu'elle est en fuite en Australie, elle envoie des messages à Xavier Gillet, messages qui débutent tous par « Mon amour »...

Faut-il voir en Cécile Brossard une femme fragile victime d'un amant pervers qui se joue d'elle, ou au contraire faut-il déceler la maîtresse calculatrice qui tue par dépit lorsque la fortune promise lui échappe ? Cécile Brossard est-elle une femme sous influence qui a aimé Édouard Stern jusqu'à le tuer ? C'est tout l'enjeu de l'instruction du juge Graber et du procès qui opposera les avocats des deux parties.

Une certitude : pour la Française, la mort d'Édouard Stern est l'épilogue tragique d'une vie tourmentée.

3

Une affaire ultrasensible

Un juge sous pression

De permanence le 1er mars 2005, le juge d'instruction genevois Michel-Alexandre Graber est alerté par un crime. Il ne sait pas qu'il vient d'hériter d'un dossier particulièrement sensible. Un dossier explosif qui va hanter ses jours et ses nuits. La nouvelle de la mort d'un financier de premier plan se répand comme une traînée de poudre et secoue le gotha de la politique et de la finance à un point qu'il ne soupçonne pas encore. L'illustre héritier d'une dynastie de banquiers est retrouvé mort, exécuté de quatre balles de 9 mm.

Dans la City, à Wall Street et dans les couloirs des ministères à Paris, on ne parle plus que de ce crime. Et surtout, on n'y croit pas. Tout le monde est convaincu qu'il s'agit d'une mise en scène destinée à brouiller les pistes. Bien sûr, à Genève, on ne goûte guère ce genre de publicité. Surtout dans les milieux financiers, plus accoutumés à traiter les affaires en toute discrétion dans les salons feutrés du quartier des banques, secret bancaire oblige... Genève, en concurrence avec les autres places financières mondiales, a une réputation et une tradition à défendre. Ce genre d'affaires n'est jamais bon pour le business. Hélas, la justice va devoir mettre son nez dans les dossiers de ceux qui, dans l'ombre, tirent les ficelles de la haute finance internationale. Personne ne se réjouit de voir un juge remuer la vase.

Depuis la fin du mandat du procureur Bernard Bertossa, les banquiers avaient enfin retrouvé le sommeil. Le passage de ce procureur général de la République et du Canton de Genève, véritable empêcheur de spéculer en rond, a laissé de mauvais souvenirs aux banquiers, gestionnaires de fortunes, brasseurs d'affaires, traders et autres cols blancs. Certains se sont retrouvés sous les verrous. Soucieux de moraliser le monde de la finance, Bernard Bertossa et six autres magistrats français, belge, suisse, espagnol et italien lancent en 1996 l'Appel de Genève pour lutter contre « l'Europe des circuits occultes », du « blanchiment et de la corruption ». Le juge français Renaud Van Ruymbeke, alors conseiller à la Cour d'appel de Rennes, est cosignataire du document qui réclame un renforcement des conventions d'entraide judiciaire en ce qui concerne les délits financiers. Plusieurs enquêtes se trouvent au point mort à cause des lois sur le secret bancaire tel qu'il est pratiqué en Suisse. Avec eux, déjà, le journaliste Denis Robert, spécialiste des circuits financiers et auteur des premières enquêtes sur Clearstream.

Que veulent au juste ces procureurs et juges européens purs et durs[1] ?

1. « Conseil de l'Europe, traité de Rome, accords de Schengen, traité de Maastricht : à l'ombre de cette Europe en construction visible, officielle et respectable, se cache une autre Europe, plus discrète, moins avouable. C'est l'Europe des paradis fiscaux qui prospère sans vergogne grâce aux capitaux auxquels elle prête un refuge complaisant. C'est aussi l'Europe des places financières et des établissements bancaires, où le secret est trop souvent un alibi et un paravent. Cette Europe des comptes à numéro et des lessiveuses à billets est utilisée pour recycler l'argent de la drogue, du terrorisme, des sectes, de la corruption et des activités mafieuses. Les circuits occultes empruntés par les organisations délinquantes, voire dans de nombreux cas criminelles, se développent en même temps qu'explosent les échanges financiers internationaux et que les entreprises multiplient leurs activités ou transfèrent leurs sièges au-delà des frontières nationales. Certaines personnalités et certains partis politiques ont eux-mêmes, à diverses occasions, profité de ces circuits. Par ailleurs, les autorités politiques, tous pays confondus, se révèlent aujourd'hui incapables de s'attaquer, clairement et efficacement, à

Qu'exigent les auteurs de l'Appel [1] ?

Le successeur de Bernard Bertossa [2], Daniel Zappelli, élu [3] par le corps électoral genevois le 21 avril 2002 (avec 50,1 % des voix pour un mandat de six ans), a d'autres priorités que la traque aux circuits de financements occultes. À son arrivée au Parquet de Genève, il clôture quelques-unes des procédures financières internationales ouvertes par le remuant Bernard Bertossa, notamment celle du volet suisse de l'Angolagate [4]. Le président angolais José Eduardo Dos Santos est blanchi des accusations de corruption qui pesaient sur ses épaules dans le dossier de la dette avec la Russie. Les milliards ? Volatilisés ! Pas de détournements mais de simples « placements stratégiques »,

cette Europe de l'ombre. À l'heure des réseaux informatiques d'Internet, du modem et du fax, l'argent d'origine frauduleuse peut circuler à grande vitesse d'un compte à l'autre, d'un paradis fiscal à l'autre, sous couvert de sociétés *off-shore*, anonymes, contrôlées par de respectables fiduciaires généreusement appointées. Cet argent est ensuite placé ou investi hors de tout contrôle. L'impunité est aujourd'hui quasi assurée aux fraudeurs. Des années seront en effet nécessaires à la justice de chacun des pays européens pour retrouver la trace de cet argent, quand cela ne s'avérera pas impossible dans le cadre légal actuel hérité d'une époque où les frontières avaient encore un sens pour les personnes, les biens et les capitaux. Pour avoir une chance de lutter contre une criminalité qui profite largement des réglementations en vigueur dans les différents pays européens, il est urgent d'abolir les protectionnismes dépassés en matière policière et judiciaire. Il devient nécessaire d'instaurer un véritable espace judiciaire européen au sein duquel les magistrats pourront, sans entraves autres que celles de l'État de droit, rechercher et échanger les informations utiles aux enquêtes en cours. Nous demandons la mise en application effective des accords de Schengen prévoyant la transmission directe de commissions rogatoires internationales et du résultat des investigations entre juges, sans interférences du pouvoir exécutif et sans recours à la voie diplomatique ». Cité par ATTAC, l'Association pour la taxation des transactions pour l'aide aux citoyens.

1. MM. Bernard Bertossa, Edmondo Bruti Liberati, Gherardo Colombo, Benoît Dejemeppe, Baltasar Garzon.
2. Élu directement par le peuple de l'État de Genève sur une liste socialiste.
3. Élu sur une liste du parti radical (centre droite).
4. Scandale impliquant des réseaux français et russes dans la vente d'armes à l'Angola.

répond la justice genevoise. Une décision qui fait bondir le Département fédéral des Affaires étrangères à Berne. Les banquiers de la place ne cachent pas avoir soutenu l'élection de Marcel Zappelli, un magistrat proche d'eux et de leurs intérêts pour que Genève sorte du piège infernal de la moralisation des échanges. La place financière accepte mal de voir ternir sa réputation à cause des excès de zèle d'un juge. Genève n'est-elle pas le berceau de la gestion de fortune ? On y recense près de cent vingt établissements bancaires dont quatre-vingts en mains étrangères, mille sept cents sociétés financières et cinq cents gérants indépendants dont l'expertise et la proverbiale discrétion attirent une foule de clients étrangers désireux d'échapper à la politique fiscale confiscatoire de leurs pays et même, parfois, une clientèle interlope souhaitant « blanchir » et recycler ses fonds d'origine douteuse, voire criminelle. La place financière de Genève est considérée comme la plus importante du monde en matière de gestion de fortune privée. Pas étonnant que le banquier Stern ait aussi un pied-à-terre dans cette ville.

Daniel Zappelli, lui, veut privilégier « la justice de proximité ». Autrement dit, la délinquance de rue. Autre homme, autre ambition. Ça tombe bien. Genève n'est plus la cité paisible d'autrefois. Comme en France, la petite délinquance exacerbe le sentiment d'insécurité et inquiète tous les citoyens. Comme en France, les affaires financières louches ou carrément crapoteuses éclatent au grand jour, mais ne suscitent que quelques froncements de sourcils. L'opinion publique est très fataliste, voire blasée et blindée face à de telles révélations. On est sans illusion, sur les bords du Léman. « S'indigner des fraudes et des détournements à Genève, c'est comme s'étonner qu'il y ait du pain à la boulangerie ! », remarque, sarcastique sur le ton de la boutade, un chroniqueur judiciaire genevois.

Genève est profondément ébranlée par la mort d'Édouard Stern. Les circonstances du crime commis sur son territoire et la notoriété mondiale de la victime sont perçues comme délétères pour la place financière genevoise. Le spectre d'un nouveau scandale s'agite.

Lorsqu'il rejoint en catastrophe les hommes de la police criminelle dans l'appartement du 22, rue de Villereuse, dans le quartier des Eaux-Vives, Michel-Alexandre Graber ignore encore que la victime est un financier d'envergure planétaire. Il ignore même tout de son existence. Il l'apprendra vite. « Je me suis rendu compte véritablement de qui était Édouard Stern le 2 mars au matin », confie le magistrat en allumant une nouvelle Barclays bleue. Les investigations du juge Graber vont intéresser les plus hautes autorités de l'Hexagone. À Genève, la hiérarchie de la police est sous pression. Les hauts fonctionnaires français, avec lesquels les policiers genevois ont eu l'occasion de tisser des liens lors du sommet du G8 d'Évian en juin 2004, essayent de leur soutirer des informations. Le juge Graber reçoit, en moyenne, entre soixante et soixante-dix appels par jour. Essentiellement de journalistes. Contrairement à ce qui a été sous-entendu, parfois publié dans la presse, Nicolas Sarkozy n'exerce aucune pression directe sur le juge d'instruction genevois pour savoir ce qui est arrivé à son ami Édouard Stern. L'actuel ministre français de l'Intérieur n'a jamais appelé le magistrat. En revanche, comme tant d'autres, il veut savoir ce qui s'est passé. Pourquoi, comment et par qui le financier a été assassiné à Genève. Le dossier est chaud. Très chaud…

Dans l'appartement d'Édouard Stern, les policiers découvrent des lettres et des notes prises par la victime. Ordonné, méticuleux, l'homme d'affaires consignait tous ses rendez-vous et toutes ses conversations téléphoniques sur papier. Les policiers genevois vont de surprise en surprise. Très vite, ils comprennent que la proximité d'Édouard Stern avec le couple Sarkozy risque de compliquer leur travail. Une source proche de l'enquête évoque notamment la découverte de courriers privés de la main de Nicolas Sarkozy et de Cécilia Sarkozy adressés à Édouard Stern. Des lettres qui laisseraient présager ce qui va se passer quelques mois plus tard au sein du couple, le départ de Cécilia pour Genève où elle rejoint le publiciste Richard Attias, bras droit de Maurice Lévy, patron de Publicis et autre connaissance d'Édouard Stern. Depuis, Cécilia Sarkozy a regagné le domicile conjugal.

Les enquêteurs tombent également sur des documents prouvant que le banquier gère depuis Genève « les placements de plusieurs hommes politiques français [1] ». Les papiers retrouvés dans l'appartement en attestent. Peut-être que le plus intéressant se trouve sur les disquettes cryptées retrouvées sur place. La clef électronique sur laquelle s'affiche un numéro à 26 chiffres qui changent à intervalles réguliers est sans doute un précieux sésame. Mais ce qui va stupéfier jusqu'aux enquêteurs eux-mêmes, ce sont leurs trouvailles dans les coffres-forts de la victime : des dossiers sur lesquels figurent les noms de personnalités. De la dynamite... et des détonateurs servis sur un plateau.

En quelques heures, des Français, curieux ou inquiets, activent en urgence tous leurs relais à Genève. Leur but : tenter d'établir ce qui s'est passé dans l'appartement du 17, rue Adrien-Lachenal. Paris bruisse de rumeurs à propos d'un « contrat » mis sur la tête de Stern par des mafieux russes. Tous les regards se tournent naturellement vers le Parquet du procureur de Genève, Daniel Zappelli, et vers le juge d'instruction Michel-Alexandre Graber.

Côté français, on parie déjà sur l'incapacité d'un simple magistrat genevois, un « provincial », étranger de surcroît, à résoudre une affaire d'une telle complexité et liée à de tels enjeux sans s'emmêler les pattes.

Tout repose donc sur les épaules du juge Graber, quarante-sept ans, un vieux routier des affaires criminelles.

S'il a rarement eu l'occasion de se retrouver exposé à ce point à la pression de médias, il sait en revanche éviter les chausse-trappes propres aux affaires sensibles. Graber l'inflexible, vice-

1. *Le Canard enchaîné*, 23 mars 2005.

président du Collège des juges d'instruction, a hérité de la plupart des dossiers lourds qui ébranlent la République et canton de Genève ces dernières années. Ce juge présenté au suffrage populaire par le parti radical possède un mental solide, une indépendance d'esprit et une opiniâtreté bien connus.

Avocat de formation, il est entré dans la magistrature au début des années 1990. C'est lui qui a instruit l'horrible meurtre de Feride Sahin, une jeune mère de famille d'origine kurde, découpée en cinq cent trente-huit morceaux par son époux, Kerem Sahin, au mois de juillet 1994, dans un appartement de la banlieue de Genève. Kerem Sahin avait pris la fuite quelques heures après l'assassinat. Aidé par des compatriotes, il s'était réfugié au Canada, où il a été arrêté trois ans plus tard.

C'est le même juge-limier Graber qui a remué ciel et terre afin de retrouver deux fillettes kidnappées par leur père, Omar, un ancien agent de sécurité franco-suisse converti à l'islam. Arrêté en 1994 à Genève, où il a purgé une peine de prison, l'homme n'a jamais voulu révéler où elles se trouvaient pendant près de dix ans. Les deux fillettes ont finalement été retrouvées en 2003. Elles vivent depuis trois ans avec leur maman en Suisse romande.

Michel-Alexandre Graber a également instruit l'affaire dite de « la Malle sanglante ». L'histoire d'un gamin de vingt ans qui a tiré sur un ancien condisciple, en octobre 1997 : la victime s'était moquée de lui sept ans auparavant ! Le corps de la victime, balancé dans une malle, sera retrouvé par la police. Pendant quinze ans, personne ne réussira à découvrir l'auteur de ce crime. Le juge Graber, oui. Il faut dire que les remords de la camarade du meurtrier l'ont quelque peu aidé. En 2002, celle-ci livrera son terrible secret à la justice.

Dans le cadre de ses fonctions, le juge Graber est aussi appelé à voyager. Au cours d'une commission rogatoire en Ukraine, dans une affaire de trafic d'armes, il doit se réfugier à l'ambassade suisse de Kiev. Michel-Alexandre Graber est également juge d'instruction militaire. C'est dans ce contexte qu'il s'est rendu à deux reprises au Rwanda, où il a mené l'instruction dans le procès de Fulgence Niyonteze, ancien bourgmestre de Mushubati, condamné en 1999 à la réclusion à vie par le tribunal militaire de Lausanne pour assassinat, instigation à assassinat, délit manqué d'assassinat et infractions graves aux dispositions des Conventions de Genève.

Autant dire que le magistrat est pugnace dans les affaires qu'il traite dans son cabinet du Palais de justice de Genève. « Le juge Graber est un excellent magistrat. Il possède cet esprit d'enquêteur qui peut parfois manquer dans la magistrature, salue l'avocat genevois Robert Assaël, habitué des tribunaux dans des centaines d'affaires pénales. Il est extrêmement méticuleux, sérieux, consciencieux, parfois à la limite du pointilleux », poursuit Me Assaël. Michel-Alexandre Graber a d'ailleurs postulé – sans succès – il y a quelques années à la fonction de chef de la police judiciaire. Le palais de justice y a gagné.

Le juge d'instruction comprend tout de suite que pour mener à bien son enquête il lui faut travailler et investiguer dans la plus grande discrétion. Le plus grand secret. Pas question de réitérer les erreurs commises plus de dix ans auparavant dans l'affaire Barschel. Une autre mort mystérieuse qui, elle, n'a jamais été élucidée. En 1987, le dauphin du chancelier Kohl, Uwe Barschel, alors ministre-président du Schleswig-Holstein, est retrouvé mort tout habillé dans la baignoire de sa chambre de l'hôtel Beau Rivage. Le politicien n'avait aucune raison de vouloir se suicider. Sans doute l'y a-t-on un peu aidé...

Au vu de la personnalité d'Édouard Stern, de ses affaires financières et privées, Michel-Alexandre Graber sent très vite que les services de police et de renseignements français ne vont pas rester les bras croisés en attendant la fin de ses investigations. Il ne se trompe pas. Et découvre vite qu'une atmosphère malsaine plane autour de son enquête.

Au cours des jours qui suivent le meurtre, le magistrat acquiert la conviction qu'il a été placé sur écoute, en tout cas jusqu'à la fin du mois de mars 2005. Qu'il est suivi. Le magistrat s'en ouvre naturellement à ses proches. Surveillé, le juge sait aussi que dans une affaire telle que celle-là on ne lui pardonnera pas la moindre erreur. Il doit travailler dans l'exactitude et la prudence. La prudence, le juge la poussera très loin (et il sait pourquoi), allant jusqu'à faire équiper quatre policiers de la brigade criminelle de téléphones portables non répertoriés par leur service. La « brigade Brossard » travaille vingt-quatre heures sur vingt-quatre sur l'enquête et s'entoure de précautions tout à fait exceptionnelles. Du travail du juge d'instruction, pas la moindre goutte ne doit transpirer vers l'extérieur.

Deux incidents vont ponctuer le début de l'enquête du magistrat. D'abord, une effraction. De retour de week-end pascal, le juge Graber découvre que l'on a tenté de pénétrer dans sa maison. Son chien, habituellement enfermé à l'intérieur quand la famille Graber s'absente, gambade en toute liberté dans le jardin, manifestement heureux d'une telle aubaine. Les rideaux en bambou qui dissimulent les parois de verre de la véranda ont été arrachés. Rien pourtant ne semble avoir disparu de la maison. Le magistrat se renseigne auprès de la police : il veut savoir si d'autres maisons, dans la région, ont été visitées. Tel n'est pas le cas. Mais le magistrat a la très désagréable impression qu'on est venu essayer de récupérer des documents. Des documents relatifs à son enquête ? Ou alors une simple tentative d'intimidation ? Plus inquiétant encore, un appel reçu sur son téléphone portable, à peu près à la même époque. Le juge découvre un étrange message sur sa boîte vocale. Une conversation d'environ une minute dans une langue qu'il ne connaît pas, en l'occurrence le lituanien. À la demande du magistrat, les policiers en identifient la provenance : le téléphone duquel a été passé l'appel appartient à un homme connu des services de police.

Pas très rassurant ! Pour ne pas alourdir le climat de suspicion qui règne déjà autour du dossier, le juge préfère passer ces incidents sous silence. Depuis qu'il est saisi du dossier Stern, il se montre sur ses gardes. Non qu'il ait peur pour sa sécurité. Mais il sait qu'il n'a pas droit à la moindre erreur dans ce dossier. Le magistrat ne veut en aucun cas changer ses habitudes. Comme tous les jours, le juge Graber se rend le matin à son bureau au guidon de sa moto, une Honda Africa Twin 750 cm^3. Un petit café au bar de L'Éperon, rue des Chaudronniers... Sa journée se partage entre auditions et études des dossiers, environ cent vingt par année et par magistrat. Sans oublier la centaine qui déferle sur son bureau lorsqu'il est consigné pour sa semaine de permanence. Vers 12 h 30, il quitte son bureau, descend les marches du palais de justice, glisse un bonjour à l'huissier et traverse à grands pas la place du Bourg-de-Four, cœur de la vieille ville de Genève, en contrebas de la cathédrale Saint-Pierre. Sur la place du Bourg-de-Four, les terrasses se suivent et se ressemblent. Pour déjeuner, les avocats, les magistrats et autres gens de robe ont le choix entre plusieurs tables. La brasserie du Pied de cochon, le restaurant Chez ma cousine, juste en face du palais, sont les lieux de rendez-vous favoris des robes noires. Le juge Graber, lui, préfère jeter l'ancre au mouillage d'un restaurant, situé quelques encablures plus loin. De belles bouées de secours blanches et des cordages décorent les murs de l'établissement. Ça peut toujours servir. Décidément, quand on est contraint d'évoluer professionnellement en eaux troubles, le choix d'un club maritime s'impose...

La machine médiatique s'emballe

Les médias ont commencé à enquêter. « Édouard Stern est mort comme il a vécu, de manière brutale », jugent déjà certains de ses détracteurs dans la presse. Et ces détracteurs sont légion. La presse de boulevard évoque la piste d'une soirée sadomasochiste qui a mal tourné. Certains journaux à sensation se repaissent de détails graveleux, souvent issus de la seule imagination féconde, de l'humeur lascive et du ton égrillard des journalistes. Les témoignages les plus vils se font naturellement sous le couvert de l'anonymat. La vie sexuelle du banquier est jetée en pâture aux populations. Un os à ronger pour les médias qui s'emballent pour « la fin tragique d'un requin de la finance qui décide de son bureau de ces délocalisations ravageuses au seul profit de ses actionnaires ». On donne ainsi le sentiment au bon peuple qu'il tient sa revanche. On déguste son café le matin en savourant la lecture d'un article compatissant sur : « La triste fin d'un Mozart de la finance ». Sans pour autant verser de larmes. À la tragédie de sa mort s'ajoute celle de l'indifférence, du sarcasme et du mépris pour cet homme au caractère difficile.

C'est étrange, mais la mort d'Édouard Stern a ceci de particulier qu'à peine commis celui-ci n'est pas reconnu dans son statut de victime. Me Marc Bonnant, qui se constitue officiellement avocat de la famille Stern trois semaines après la fin tragique du banquier, a au départ pour principale préoccupation de rétablir l'image ternie de la victime. « Je vais me battre afin d'éviter que l'on ne fasse pas plus longtemps le procès d'Édouard Stern, avertit le ténor du barreau. Dans ce drame, tout s'est passé comme si les journalistes avaient oublié qu'Édouard Stern était la victime d'un crime horrible. C'est insensé. Édouard Stern est mort ! Il laisse dans une terrible douleur ses trois enfants, Mathilde, Louis et Henri, respectivement âgés de vingt, dix-neuf et quatorze ans. Il laisse son ex-femme, sa famille », s'émeut l'avocat.

De l'autre côté de la frontière, l'avocat français de la famille Stern, Me Hervé Témime, stigmatise lui aussi « le torrent de boue déversé sur la mémoire d'Édouard Stern dès sa mort annoncée ».

Dans la presse, les journalistes n'évoquent pas que la piste « sexuelle ». Face à une mort étrange, face à un tel silence de la justice qui ne veut même pas parler de la manière dont a été tué Édouard Stern, tous les fantasmes et toutes les spéculations liées à ce genre de crimes déferlent. On parle de mafia russe, de règlements de comptes financiers, de liaisons sulfureuses et de secrets d'État... « Sans aucune prudence ni limite dans ses engagements financiers, Édouard Stern aurait réalisé des investissements hasardeux en Russie et en Europe de l'Est et aurait perdu beaucoup d'argent. Environ 140 millions d'euros [1]. Âpre en affaires, détestant perdre de l'argent, il aurait été en butte à une querelle qui se serait envenimée », peut-on lire dans *Le Monde* daté du 4 mars 2005.

Édouard Stern se sentait menacé depuis plusieurs mois. Une réalité. En 2003, Stern, qui avait l'impression d'être suivi, épié, en Europe et à New York, avait demandé un permis de port d'armes à son ami Nicolas Sarkozy, alors ministre de l'Intérieur.

Claude Guéant, directeur de cabinet de Nicolas Sarkozy, a géré en direct ce dossier sensible. Le financier avait suivi une semaine de formation à l'autodéfense dispensée par le service de sécurité du ministère de l'Intérieur en 2004. « Il était vraiment menacé », confie une source qui ressurgit à chaque fois qu'une affaire politico-financière éclabousse la République. « Ses craintes étaient diffuses mais réelles » [2], indique l'un de ses avocats dans l'affaire Rhodia, Me Karim Beylouni, l'un des derniers à s'être entretenu avec son client dans la soirée du 28 février 2005, à l'occasion d'une conférence téléphonique entre Édouard Stern, ses avocats et Daniel Lebard, l'ancien PDG de Albright & Wilson.

À Genève comme ailleurs, Édouard Stern ne sortait plus sans porter une arme. Le plus souvent un pistolet automatique à canon court, l'un de ceux qu'on peut glisser discrètement sous une veste.

La presse poursuit ses investigations. Elle découvre que le banquier a été tué par balles. C'est une certitude, mais on ignore

1. *Le Nouvel Observateur*, 10 mars 2005.
2. Entretien avec les auteurs, 16 mars 2005.

en revanche le nombre de projectiles tirés par le ou les assassins. On parle de trois, voire quatre balles. En réalité, le banquier a été frappé par quatre balles de 9 mm : deux dans la tête et deux dans le thorax. La première, à elle seule, tirée entre les deux yeux par une arme de poing, était sans doute mortelle.

On ignore aussi tout de l'heure du crime. Seule certitude : Me Karim Beylouni a tenté de joindre son client, sans succès, aux environs de 21 h 30 en ce lundi 28 février 2005. « Il ne répondait plus sur son portable. J'ai encore essayé de le joindre le lendemain. En vain », soupire Me Beylouni, qui apprendra sa mort de la bouche d'un confrère avocat genevois, Me Xavier de Sarreau, le 1er mars dans la matinée.

Au 17, rue Adrien-Lachenal, à Genève, les journalistes suisses et français ont investi les lieux. Photographes et cameramen filment inlassablement la façade de marbre noir de l'immeuble où habitait la victime, ainsi que son bureau attenant, 22, rue de Villereuse.

Mais les reporters de télévision et de radio ont beau tendre leurs micros, personne ne souhaite répondre à leurs sollicitations. Surtout pas les collaborateurs d'Édouard Stern, visiblement ébranlés par le meurtre. D'autres interlocuteurs potentiels confient, énervés, qu'ils ne souhaitent tout simplement pas « perdre leur emploi. » Seule Maria Pires, la femme de ménage, assaillie par les journalistes qui n'ont plus qu'elle à se mettre sous la dent, consent à livrer quelques informations. Pour elle, « monsieur Stern n'avait pas changé ces derniers temps. À l'exception du fait qu'il voyageait peut-être un peu moins. »

Les avocats verrouillent le dossier

Ce n'est pas une surprise, la famille Stern, forte de sa puissance financière, fait appel aux meilleurs avocats de la place genevoise.

Genève, cité-canton de près de cinq cent mille habitants, est doté de plus de mille avocats ! La plupart, discrets, gagnent très bien leur vie dans les affaires financières et les procédures d'arbitrage. Les grandes pointures cherchant au contraire la visibilité des médias se comptent sur les doigts d'une main. À Genève, tout comme à Paris, dans les grandes affaires criminelles, on retombe toujours sur les mêmes noms. Les mêmes robes noires du barreau, les ténors. L'affaire Stern ne fait pas exception à la règle. Étrangement, ce sont des avocats d'affaires plus habitués à gérer de gros contrats, de grosses transactions financières qui héritent de ce dossier criminel.

Dans le cadre de ses affaires, Édouard Stern avait fait appel à plusieurs avocats. À Genève, à Paris et à New York. Pas question pour autant pour ces avocats de mélanger la finance et l'affaire criminelle. Me Karim Beylouni, avocat au barreau de Paris, était l'un des conseils mandatés dans le cadre de la plainte d'Édouard Stern contre Rhodia, déposée en 2003. « Je ne me serais pas vu être partie civile dans ce dossier. Cela aurait représenté un mauvais mélange des genres. »

Plusieurs semaines après le drame qui les a terrassés et réduits au silence, les membres de la famille Stern choisissent leur ténor du barreau genevois. Le discret Me Edmond Tavernier s'efface ainsi devant un champion de la rhétorique, de la dialectique, de l'argumentation et du mot d'esprit qui fait mouche : l'ancien bâtonnier Marc Bonnant. Sa facilité d'élocution et son savoir-faire pour occuper la scène médiatique font de Me Marc Bonnant l'obligé de la famille Stern. Il est associé à son cadet, Me Dominique Warluzel, le plus people des avocats du barreau genevois, ami et conseil de stars comme Isabelle Adjani, Christophe Lambert, David Hallyday, Robert Hossein, mais aussi Natacha Amal ou Alba Parietti avec lesquelles il défraye souvent la chronique. Dominique Warluzel est surtout le grand ami d'Alain Delon. Il est le confident et le défenseur de la famille de Savoie. Warluzel-Bonnant, Bonnant-Warluzel, la défense d'Édouard Stern ne pouvait échapper, en toute logique, à l'un de ces deux ténors. Jusqu'ici Me Bonnant a officié seul dans ce dossier. Mais, dans les coulisses du palais de justice, il se murmure que Me Warluzel pourrait bien se constituer au procès.

Me Marc Bonnant, le « Mozart du barreau genevois », comme la presse l'a surnommé, est sans conteste l'un des plus brillants orateurs de la République. Cheveux gris tirés en arrière, la jeune soixantaine, l'avocat possède l'élégance aristocratique des vieilles familles protestantes genevoises. Cet ancien officier d'artillerie de l'armée suisse, créateur avec d'autres du concours annuel d'art oratoire des avocats stagiaires, est tout sauf l'avocat des petites causes. Son fume-cigarette à la main, Me Bonnant a derrière lui quarante ans de barreau. À Genève, il a fait sonner et résonner son verbe dans les procès les plus célèbres. Défenseur du financier genevois Nessim Gaon, représentant de la partie civile au procès du ravisseur de Joséphine Dard, fille du créateur de San-Antonio dont il était l'ami fidèle, il a également défendu le grand maître de la loge maçonnique P2 [1], Licio Gelli.

Me Bonnant s'occupe également des affaires de Thierry Roussel, père d'Athina Onassis. Il a plaidé au palais de justice de Monaco en tant que représentant de la partie civile d'un autre banquier mort dans d'étranges circonstances, Edmond Safra, dont Édouard Stern était très proche. Le nom du fondateur de la Bank of New York apparaît en toile de fond tout au long du dossier Stern.

Ne se nourrissant presque exclusivement que de nourritures spirituelles, Me Marc Bonnant s'est vu décerner la Légion d'honneur au mois de juin 2003.

Avant de se constituer partie civile, l'avocat ne connaissait pas directement la famille d'Édouard Stern. Depuis lors, il a

1. Cette loge maçonnique fut dissoute le 9 décembre 1981, et la commission parlementaire d'enquête relate en 1984 la liaison de Licio Gelli avec les services secrets depuis 1950 et son engagement dans les événements sanglants liés à des complots dans le pays. La commission a qualifié cette loge « d'organisme subversif ». Après la découverte des membres de la P2, le gouvernement fut obligé de se démettre. Selon certains mafieux repentis, la mafia aurait commis des homicides pour le compte de milieux politiques à travers la sinistre P2.

appris à la connaître. Et à la protéger. À veiller à ce que l'image de la victime ne soit pas souillée davantage. D'emblée, la mort d'Édouard Stern est en effet exploitée par ses ennemis pour régler des comptes qui n'ont rien à voir avec le dossier pénal. « Face à cette attitude, je vais me battre pour éviter qu'on fasse plus longtemps le procès d'Édouard Stern et pour que l'acte commis par Cécile Brossard ne soit ni amoindri ni ennobli. »

« Ce qui est impressionnant dans ce dossier, c'est qu'à la douleur d'avoir perdu un être cher, un père, s'ajoute l'outrage. Toute mort est infiniment grave. Certes, Édouard Stern était un homme exigeant qui appréciait énormément la littérature. Ce n'est pas courant, mais avec ses enfants, qui devaient apprendre par cœur Hugo et Baudelaire, il jouait à des jeux de vocabulaire. Mais l'on ne doit pas se tromper de victime... Le procès doit porter sur le crime et la meurtrière. Pas sur la victime », confie Me Bonnant quelques semaines après l'arrestation de Cécile Brossard. Le virtuose du barreau genevois tient déjà sa plaidoirie au procès d'assises. Il sait que la défense va plaider le meurtre par passion. Il sait aussi que les avocats de Cécile Brossard vont tenter de faire croire que ce meurtre est l'épilogue logique et inéluctable d'une histoire d'amour destructrice dont elle aurait été la victime. « À les entendre, ce crime n'est rien d'autre qu'un acte libérateur intervenant au terme d'une existence douloureuse, marquée par une enfance en banlieue, une adolescence cabossée et un père qui la renie. Seulement voilà : je ne crois pas un instant à la théorie d'un geste dicté par une émotion excusable. En effet, le dossier est têtu et la chronologie des faits, telle qu'elle est établie par le juge, accablante pour Cécile Brossard. »

Face au redoutable Me Marc Bonnant, à quel autre talent oratoire exceptionnel Cécile Brossard pourrait-elle confier sa défense ? La jeune femme sait qu'elle est passible de la perpétuité si l'assassinat est retenu par les jurés de la cour d'assises. Cécile Brossard, bien que résidant souvent à Clarens, n'a pas étendu son carnet d'adresses jusqu'aux différents barreaux des vingt-trois cantons suisses. Me Pierre-Olivier Wellauer, ancien bâtonnier du canton de Vaud, le premier avocat à défendre ses intérêts dans le cadre du million, est-il l'homme de la situation ? Sans doute... mais pas tout seul. Selon le quotidien *24 Heures* du 18 mars 2002, qui a consacré un portrait au bâtonnier, Me Pierre-Olivier Wellauer est un homme auquel tout réussit. Aussi loin qu'il se souvienne, il a toujours rêvé d'embrasser la profession d'avocat, « parce que j'ai toujours été passionné par la défense des intérêts du justiciable, aussi bien au niveau de la sphère privée que face à l'État. J'aime tout ce qui relève de la gestion des conflits. » Golfeur averti, beau parleur, l'avocat apprécie aussi la sculpture. Cécile Brossard porte son choix sur deux autres grandes pointures du barreau genevois : Mes Bruno de Preux et Pascal Maurer. Elle a tout simplement été conseillée dans son choix par un ami d'Édouard Stern. C'est lui qui a directement téléphoné dans l'urgence à Me Bruno de Preux, ancien bâtonnier, pour lui demander de prendre la défense de Cécile Brossard.

Pour Me Bruno de Preux, cette affaire tombe à pic. Certes moins médiatique que son confrère Marc Bonnant, il a défendu le Russe Sergueï Mikhaïlov, Ferdinand Marcos, ancien président des Philippines, et le dictateur nigérian Sani Abacha.

Sosie sans moustache de Jean Rochefort, c'est d'ailleurs son surnom, séducteur, Me de Preux est l'avocat genevois de la nouvelle direction de la compagnie pétrolière Elf dans une affaire qui occupe la France depuis plus de dix ans. Il a été mandaté par Philippe Jaffré, ami d'Édouard Stern, pour participer à la recherche des fonds d'Alfred Sirven [1].

1. Alfred Sirven, ex-directeur des affaires générales d'Elf, avait amassé un trésor de guerre estimé à 168 millions d'euros. De l'argent détourné des comptes du groupe pétrolier et redistribués à des intermédiaires en France et à l'étranger. La plupart des bénéficiaires n'ont pas été identifiés. Alfred Sirven est mort d'une crise cardiaque le 12 février 2005 en emportant ses secrets avec lui.

Président de la Fondation du Grand Théâtre de Genève, également ancien bâtonnier de l'Ordre des avocats, il appartient à l'une des cinq plus grosses Études de la place genevoise. Mais, contrairement à Me Bonnant et surtout à Me Warluzel, les causes médiatiques n'ont jamais été sa priorité.

Pour Me de Preux, l'affaire Stern, c'est un peu son cadeau de fin de carrière, lui qui a défendu toutes sortes de causes, y compris les intérêts des pires dictateurs de la planète. « Aujourd'hui, il a accepté de défendre Cécile Brossard car cette histoire de passion le fascine », confie un avocat de la place. L'avocat prend ce dossier très à cœur.

Me Bruno de Preux n'est pas seul à défendre Cécile Brossard. Si c'est lui qui, très fréquemment, se rend à la prison de Champ-Dollon pour rencontrer sa cliente, c'est Me Pascal Maurer qui apparaît en premier pour affronter la presse. Costume gris, visage austère, les cheveux frisés, c'est un habile tacticien. Ses plaidoiries sont redoutables.

Me Maurer, autre ancien bâtonnier de l'ordre des avocats, a déjà plaidé aux côtés de Me Bruno de Preux pour la défense de Sergueï Mikhaïlov, l'ex-présumé « parrain » de la mafia russe, acquitté par la cour d'assises. Dans l'affaire Elf, Me Pascal Maurer a défendu en 1999 les intérêts d'André Guelfi, alias « Dédé la sardine », sous le coup d'un mandat d'arrêt international lancé par le juge suisse Paul Perraudin.

Le premier à verrouiller le dossier, c'est le juge. Michel-Alexandre Graber redoute la médiatisation. Après l'arrestation de Cécile Brossard, il s'entoure d'un maximum de précautions. Du quasi jamais vu à Genève. La procédure est décrétée « supersuspendue ». La « supersuspension » ? Un mot sorti du jargon de la procédure genevoise. Une mesure qui interdit à l'accusé et à ses avocats d'avoir accès à tout ou à une partie du dossier. Elle suspend l'information contradictoire et constitue une dérogation au régime général de la procédure genevoise qui veut que l'accusé puisse consulter la totalité des pièces afin de constituer sa défense en toute connaissance de cause.

Dans le silence imposé pendant un mois par le juge d'instruction Michel-Alexandre Graber, les avocats se livrent à une véritable guerre de l'information.

Pour justifier le geste de Cécile Brossard, Me Pascal Maurer évoque les souffrances endurées par sa cliente. « Édouard Stern jouait avec elle ; quand elle partait, il la persécutait pour qu'elle revienne », dit-il. Mais qui est la victime ?

Très vite, Me Marc Bonnant contre-attaque, notamment dans les colonnes du *Figaro* des 12 et 19 avril 2005. « Le mobile n'est pas celui de l'amour ni de la passion noble. Ce meurtre est un acte infiniment plus concret et plus vénal, déclare-t-il. [...] Malgré le désarroi dans lequel aurait dû la plonger l'acte passionnel, elle a été prompte à veiller à ses intérêts avec une célérité digne d'éloges. » Me Bonnant fait allusion au fameux million de dollars qu'Édouard Stern avait déposé sur le compte du Crédit suisse de Montreux. Quelques jours plus tard, le 19 avril 2005, Me Bonnant renchérit dans une longue interview pour *Le Figaro*. « Il s'agit d'un chantage amoureux », affirme l'avocat genevois. L'entourage du banquier confirme, au fil de l'enquête, sa fascination et son amour pour la Française.

Les avocats de Cécile Brossard assurent que le crime est l'épilogue d'une liaison amoureuse tumultueuse : « Le soir du drame, elle a agi alors qu'elle était en proie à une vive émotion. » Ils plaideront le meurtre passionnel.

Conscient du déséquilibre des forces en présence, Me de Preux, fort de ses centaines d'heures d'entretien avec Cécile Brossard, redoute que l'argent dont dispose la partie adverse fausse « le jeu ».

Me de Preux n'y va pas de main morte en laissant entendre que dans cette affaire, certaines personnes se permettent d'acheter des témoins, voire de les réduire au silence. Cécile Brossard, elle, n'a pas les moyens de régler seule les honoraires d'avocats de cette pointure. Elle n'a pas droit non plus à l'assistance judicaire, étant propriétaire de sa maison de Nanteuil-le-Haudouin.

Le pot de terre contre le pot de fer... Mes de Preux et Maurer ont volé au secours de Cécile Brossard. Ils affirment assurer sa défense bénévolement.

Depuis la mort du banquier, ses héritiers directs, à savoir ses trois enfants, ont révoqué expressément la donation d'un million de dollars que leur père avait faite en faveur de Cécile Brossard. Cet argent devrait être versé à une institution caritative. Selon leurs souhaits, la somme doit revenir à une association, de préférence genevoise, s'occupant d'enfants. Cette démarche se fonde sur une disposition du Code suisse des obligations qui prévoit la possibilité d'une révocation lorsque le bénéficiaire du don a commis une grave infraction pénale contre le donateur.

Le 14 avril 2005, soit un mois après l'arrestation de Cécile Brossard, le juge Graber déverrouille le dossier. C'est désormais au tour des avocats de poser une chape de plomb sur l'affaire. Plus rien ne doit sortir dans la presse.

Mes Bonnant, de Preux et Maurer passent un accord secret. Un *gentlemen's agreement*, une sorte de pacte de non-agression jusqu'au procès. Les associés d'Édouard Stern insistent auprès de la famille pour que tout soit mis en œuvre pour mettre un terme au grand déballage. On craint que cela n'aille « trop loin ».

D'un côté comme de l'autre, on a besoin de temps. Les avocats de Cécile Brossard veulent bétonner la thèse de la liaison torturée et du harcèlement moral.

L'avocat de la famille d'Édouard Stern sait qu'il lui faut redorer l'image d'un homme présenté comme colérique, arrogant et pervers.

4

Liaison fatale

Pas faits pour se rencontrer

« Ils n'étaient pas faits pour se rencontrer », explique Anne-Marie Pellegrin, une célèbre voyante parisienne consultée par le gotha de la finance et de la politique, entendue comme témoin par le juge suisse. « Il y a beaucoup de choses qui ne seront jamais écrites sur cette affaire », lâche-t-elle. Proche de Cécile Brossard et du galeriste Albert Benamou, elle fustige « les journalistes qui n'ont pas fait leur boulot sérieusement. Ils ont besoin d'apprendre leur métier. Leur seul but était de vendre des journaux. Pas de dire la vérité. Cécile Brossard n'a jamais été *call-girl.* C'est de la caricature pure et simple. » La voyante, qui sait visiblement beaucoup de choses, refuse d'en dire davantage. On sait qu'Anne-Marie Pellegrin connaissait Cécile Brossard et Xavier Gillet. Elle n'a rencontré Édouard Stern qu'à une seule occasion. Pour elle, l'amour qui existait entre Cécile Brossard et Édouard Stern les détruisait.

Édouard Stern et Cécile Brossard se sont rencontrés en juillet 2001, lors d'un dîner parisien organisé par Albert Benamou et Véronique Maxé, propriétaires d'une galerie d'art moderne et amis du Tout-Paris, en particulier de celui qui veut s'encanailler [1]. Un repas de huit copains, des hommes d'affaires et des

1. Airy Routier, *Le Fils du serpent*, Albin Michel, 2005.

gens de l'art. Cécile se présente comme une artiste sous le nom de « Cescils, peintre et sculptrice ». Pendant la soirée, Cécile et Édouard – qui ne sont pas assis l'un à côté de l'autre – échangent des regards. Celui du banquier est profond. Pénétrant. Inquiétant. Fascinant. En plus de savoir manier les mots, l'homme sait captiver les êtres.

Dès le lendemain, Édouard Stern obtient le numéro de téléphone portable de la jeune femme blonde. Cécile ne comprend pas vraiment ce qu'il lui trouve, elle, la vendeuse en parfumerie issue d'un milieu on ne peut plus modeste.

Mais elle est flattée. Le charme de Stern est ravageur. Le genre de type beau, riche, intelligent et cultivé qui ne peut en aucun cas laisser indifférent. Cécile croit-elle avoir trouvé son prince charmant ? Elle vient en tout cas de sceller un pacte de sang. La jeune femme ignore peut-être que dans le milieu des gens bien nés les apparences priment souvent sur les sentiments. Cécile Brossard ne sait-elle pas que les princes charmants n'épousent pas les Cendrillon mais s'unissent avec des femmes de leur rang, de leur niveau social ? Les femmes comme Cécile peuvent rester des maîtresses. Rarement des épouses aimantes. Les vitrines d'un bonheur bourgeois rassurant.

Cécile Brossard, la trentaine, n'a pas de boulot. Pas d'enfant. Se prend-elle à rêver d'une autre vie ? Une nouvelle vie dans les bras de l'une des plus grosses fortunes de l'Hexagone ?

C'est en tout cas le début d'une passion dévorante qui se terminera en drame quatre ans plus tard dans un appartement de Genève.

Après le dîner organisé par Bob Benamou, Cécile Brossard et Édouard Stern deviennent amants. Édouard la trouve « artiste et cultivée[1] ». Ensemble, ils courent les galeries d'art, sont invités aux vernissages des dernières expositions à la mode. « Leur relation était celle de deux enfants martyrs, écrit Airy

1. Airy Routier, *Le Fils du serpent*, *op.cit.*

Routier, citant le témoignage d'une amie proche du couple. L'amour qu'ils se portaient, leur vulnérabilité émotionnelle et leurs pratiques sexuelles venaient de là. »

Pour la Française, c'est la grande vie. Dîners fins, voyages d'agrément à bord de l'avion privé du financier, soirées jet-set. Ensemble, le couple s'envole dans le *Gulf Stream* d'Édouard Stern pour des week-ends à New York, visiter un musée à Londres ou à Bruges, la « Venise du Nord », comme on l'appelle. Édouard Stern lui fait découvrir sa passion des armes et de la chasse. Une passion que ne partageait pas son épouse Béatrice, qui lui demandera d'entreposer ses trophées de chasse ailleurs que dans l'appartement new-yorkais. La vue des cadavres d'animaux ne repousse pas Cécile Brossard. La Française devient la complice de jeu de Stern. Elle s'initie au tir dans des clubs privés. Elle l'accompagne en Asie et en Afrique pour des parties de chasse. Les destinations favorites du couple : le Congo, l'Afrique du Sud, la Tanzanie, l'Angola et le Kenya. Édouard Stern aime poser à côté de Cécile et de ses trophées. Des ours de Sibérie, des lions, des léopards, des antilopes, des rhinocéros ou des hippopotames.

Le 21 avril 2005, *Paris Match* publie une photo où l'on voit le banquier brandissant son fusil au-dessus de la tête d'un ours brun gisant dans son sang, à ses pieds. Un cliché pris en Sibérie deux ans plus tôt.

Après le meurtre, la police découvre des centaines de photographies du couple. Des clichés intimes. Également des photos de vacances, dont de nombreuses parties de chasse. « Édouard Stern aimait les parties de chasse sanglantes, confie un témoin. Il pouvait passer plusieurs jours à traquer un animal, transformant le périple en véritable calvaire pour ceux qui l'accompagnaient... et pour le gibier [1] ! » Trois ans de suite, Édouard Stern emmène Cécile en Tanzanie, dont une année en présence de

1. *Paris Match*, mars 2005.

l'un de ses fils. Cécile est supposée jouer le rôle de l'amie du couple Benamou. Près du lac Victoria, Édouard loue, pendant une semaine, un territoire grand comme la Belgique. C'est un peu le camping. On se lave au seau, on se lève à 5 heures du matin. « Édouard Stern est le seul à tenir un fusil, seul puissant dans son domaine. Les autres le suivent, épuisés et grisés [1]. »

Mais leur histoire n'est pas que celle d'une passion à deux. D'une histoire simple. Si les deux premières années de leur relation sont celles d'une véritable histoire d'amour, le couple bat de l'aile dès la fin de l'année 2003. « Édouard a véritablement aimé passionnément cette femme », confie un proche de la victime. Aimer jusqu'au point de se perdre.

Le dossier du juge Graber déborde de SMS, de courriels et de lettres d'amour allant dans ce sens. Édouard Stern, celui à qui tout réussit, celui qui possède déjà tout, tombe désespérément amoureux de Cécile Brossard. Lorsqu'il ne peut pas la joindre, il devient comme fou. Toutes affaires cessantes, il lui faut sa présence quand il le veut et où il le veut. Foin de la banque, des OPA, des cours de Bourse et des sociétés *off-shore* : c'est Cécile qu'il lui faut, et sans délai, et entièrement pour lui. Édouard Stern redevient un collégien amoureux. Pour tenter de la localiser, il téléphone tous azimuts à l'esthéticienne de Cécile Brossard, à son thérapeute, à ses amis à elle. « Son comportement en devenait ridicule », poursuit l'un de ses amis, citant cet épisode où il s'est posté devant la voie ferrée de Clarens pour épier Cécile Brossard à la jumelle. « À l'époque, monsieur Gillet avait dû appeler la police, constate Me Pascal Maurer. Une plainte avait été déposée. »

Anne-Marie Pellegrin, la voyante, était présente lors de cet épisode où Cécile Brossard avait demandé à toutes les personnes se trouvant dans l'appartement de se coucher à terre. « Édouard Stern n'arrêtait pas de téléphoner et Cécile raccrochait à chaque fois. Anne-Marie avait voulu aller lui parler », explique un

1. *Idem.*

proche du couple Gillet-Brossard. En rentrant à Genève, Édouard Stern avait écrit un courriel à Cécile Brossard : « Je t'aime à en crever, j'ai envie de ce que tu sais. »

Certes, Cécile Brossard n'a rien à voir avec les femmes que le banquier a fréquentées précédemment. Essentiellement des femmes de la haute société, plutôt habituées des causes humanitaires. Mais l'amour est une alchimie qui n'obéit pas à des règles précises. Peut-être aussi que pour Édouard Stern, Cécile Brossard a été révélatrice de sa sexualité. À ce stade, celui d'un homme qui possède déjà tout (argent, pouvoir, culture, etc.), la sexualité peut devenir une sorte d'expérience initiatique.

Fou amoureux, au grand désespoir de certains de ses amis, Édouard emmène cette compagne quasi officielle un peu partout. Naturellement, il reste très proche de Béatrice, son ex-femme qui vit à New York, à laquelle il téléphone chaque jour et qu'il admire toujours. Béatrice, la mère de ses trois enfants. Quant à Cécile Brossard et Édouard Stern, ils s'aiment. Mais ils jouent. Ils jouent un jeu dangereux. Édouard Stern ne peut plus se passer de Cécile. Il le dit et il le montre. Amusée, l'ancienne vendeuse en maroquinerie se plaît à parler de « son mec ». De celui qui lui promet le mariage et qui l'inonde de mots d'amour. Son mec, c'est « Charles-Édouard » comme elle l'appelle. L'héritier d'une grande famille de banquiers, à qui rien ne résiste. Entre les deux amants, l'amour est démesuré. Destructeur. Violent.

Aux mots d'amour succèdent les mots de haine. De menace. L'argent et le pouvoir sur lesquels est assis le banquier brouillent les sentiments et pervertissent la relation.

« Inaptes à vivre ensemble mais incapables de se séparer », résume une amie de Cécile Brossard [1]. Les proches savent qu'un regard, à peine perceptible, suffit à déclencher des crises.

1. *L'Express*, 9 mai 2005.

« Cécile avait voulu mettre un terme à cette passion ravageuse, se souvient Fabienne, une de ses amies. Édouard Stern la poursuivait jusqu'à Nanteuil, elle n'en pouvait plus. Elle m'avait dit qu'il avait menacé de s'en prendre à Xavier. » « Selon moi, Cécile Brossard était incapable de choisir entre Édouard et Xavier. Quand elle quittait l'un, elle s'ennuyait de l'autre », poursuit une autre amie du couple Brossard-Gillet.

Leur vie est donc ponctuée par les crises et les retrouvailles. Leur entourage est témoin – et victime malgré lui – de leurs scènes de ménage et de leurs trop fréquentes disputes. Tous sont pris à partie.

Au fil des mois, la relation entre les amants évolue. Le chasseur qu'est Édouard Stern ne peut se contenter d'une seule proie. Il fréquente d'autres femmes, d'autres partenaires.

Cécile Brossard, elle, connaît les règles du jeu. Elle évolue depuis quelques années déjà dans un univers interlope où l'on s'affranchit des normes. Elle a beau parler et placer son « Charles-Édouard » à toutes les sauces, elle aussi vit sa vie de son côté. Cécile Brossard partage la moitié de son temps chez son époux, Xavier Gillet, à Clarens.

Des messages, SMS ou courriels, consignés dans le dossier du juge d'instruction, révèlent la tension peu à peu apparue entre les deux amants. « Je ne peux pas te parler, je ne suis pas seule, mais les horreurs que tu me dis me détruisent », écrit Cécile Brossard[1]. Faisant allusion aux relations qu'Édouard entretient avec d'autres femmes, Cécile poursuit : « J'espère au moins que tu trouves quelque plaisir dans le mal que tu me fais. [...] C'est toi qui as voulu que ce soit fini entre nous avec toutes les insultes que tu m'as faites ce matin. » Édouard Stern, lui aussi, signe des messages désespérés : « J'espère que tu dors peu. Un jour j'aimerais te parler de ce qui s'est pro-

1. *Le Figaro*, 20 avril 2005.

duit [...] je ne rejette pas sur toi la responsabilité de notre échec. »

Cécile Brossard demeure malgré tout la compagne quasi officielle d'Édouard Stern. « Elle l'aimait à la folie et il a joué avec elle comme avec un objet, explique Me Pascal Maurer [1]. Elle se trouvait dans un état de dépendance avec un homme qui a fait son malheur. »

Le million

Pourtant, Édouard Stern propose à plusieurs reprises à Cécile Brossard de vivre avec lui. Celle qui navigue toujours entre Nanteuil-le-Haudouin et Clarens, refuse. Cinq, six, sept, huit, neuf, dix fois, elle prend la décision de le quitter. Elle observe un silence radio pendant des jours, débranchant son téléphone. Ne prenant même pas le risque d'ouvrir la porte de sa maison de pierre à Nanteuil-le-Haudouin. Mais Édouard Stern est un obstiné. Il lui envoie jusqu'à quarante courriels par jour. Plus que tout, il est fou d'amour. Et il la retrouve à chaque fois.

Cécile Brossard sait qu'entre elle et lui, entre la gamine de province et l'héritier d'une famille de banquiers, les rapports sont inégaux. Pas du tout équilibrés. « Moi, je dépends de toi. Cela serait mieux si j'étais indépendante », constate-t-elle. L'indépendance. Mais quelle indépendance ? Pour la Française, le terme n'est pas synonyme de vie de femme entretenue à 10 ou 15 000 euros par mois pour argent de poche. Cécile Brossard veut mieux. Elle veut plus. Beaucoup plus. Elle exige un million de dollars et le mariage. Deux conditions indissociables et indiscutables. Édouard Stern, le flibustier de la finance, celui à qui rien n'a jamais résisté, se retrouve dans cette impasse

1. *Le Point*, 24 mars 2005.

ubuesque. Payer ou la perdre. Quand même conscient du caractère ridicule du scénario de ce mauvais film, il demande conseil auprès de l'un de ses amis. « Si tu l'aimes, tu payes ! », lui rétorque cet homme qui connaît bien Édouard et Cécile. C'est d'ailleurs lui qui dictera à Édouard Stern les premières lignes de la lettre signée par Édouard, datant de novembre 2004. Lettre dans laquelle il est écrit : « Je vais assurer ton indépendance et t'épouser. »

Ce requin de la finance, ami des puissants de ce monde, se retrouve en train d'écrire une lettre de collégien sur papier rose.

Édouard Stern doit verser l'argent sur le compte de Cécile Brossard au Crédit suisse de Montreux début janvier 2005. Le 3 janvier, l'argent n'est pas là. Cécile Brossard prend sa plume pour réclamer son dû. Ou plutôt son gage d'amour. « En te demandant de l'argent, je te demandais une preuve d'amour. Je te l'aurais évidemment rendu », peut-on lire dans une lettre du 5 janvier 2005. Cinq jours plus tard, Édouard Stern verse le million de dollars à Cécile Brossard. Pour elle, le million de dollars est devenu un symbole d'amour. Pour son amant, le million de dollars signe son arrêt de mort.

Le vent tourne

Du 11 au 14 février 2005, Cécile Brossard réside en Suisse. La relation avec Édouard Stern vit ses derniers jours. La veille de la Saint-Valentin, Cécile Brossard cherche à joindre désespérément Édouard Stern dans la soirée. Des dizaines d'appels. À 23 h 30, elle parvient enfin à le joindre. Neuf longues minutes durant lesquelles le couple s'explique. Le 14 février, à 1 h 19 du matin, elle envoie trois SMS consécutifs à Jérôme Mangin, le plus proche collaborateur et ami d'Édouard Stern. À 1 h 23, Cécile Brossard tente une fois encore de joindre Édouard Stern. Trois minutes après, elle envoie un SMS à Xavier Gillet.

Le jour de la fête des amoureux, la Française appelle Stern

une douzaine de fois dans la journée. Vers 19 heures, elle le joint à son appartement. Le couple converse dix minutes. Elle raccroche et le rappelle immédiatement. Cécile Brossard semble aux abois, multipliant les appels en direction de Stern, de son ami et collaborateur Jérôme Mangin et de son fidèle Xavier Gillet, toujours présent dans la tourmente.

Le lendemain, Cécile Brossard quitte Genève. Elle coupe son téléphone. Elle met le cap sur Paris. Le soir même, elle est prise en photo au cours d'un dîner entre amis chez un artiste de Saint-Ouen où elle confie à une inconnue : « Demain matin, je pars à New York, en avion privé, avec mon mec [1]. » La photo de cette soirée sera publiée dans plusieurs journaux après le drame.

À Nanteuil-le-Haudouin, Cécile Brosssard tente de retrouver un semblant de tranquillité. De sérénité. Elle revient en Suisse le 18 février, pour repartir en France le 22 dans la soirée. Le 21 février, elle se rend dans une agence du Crédit suisse pour retirer les intérêts de « son » million de dollars, soit une somme de 5 000 dollars.

Pendant la même période, Édouard Stern travaille entre la Suisse et la France.

Le dimanche 20 février 2005, le banquier assiste à un dîner donné par Renaud Donnedieu de Vabres, ministre de la Culture, en l'honneur de madame Claude Pompidou, veuve de l'ancien président de la République. Édouard Stern l'ignore : il n'a plus que huit jours à vivre.

Le banquier revient à Genève le lendemain. Le lundi 21 février, tout bascule.

À compter de cette date, le banquier et sa maîtresse vont se déchirer comme jamais. L'histoire d'amour est arrivée à son paroxysme. À un point de non-retour. À sa fin. Furieux de constater que Cécile ne lui a pas rendu l'argent, contrairement

1. *Paris Match*, 20 avril 2005.

à ce qu'elle avait promis, Édouard Stern entre dans une colère noire.

Ce même jour, Cécile reçoit à Nanteuil-le-Haudouin un fax d'Édouard Stern. « Tu m'as volé, tu m'as trompé ! » écrit-il. « Édouard voulait que je lui rende son argent comme si je l'avais volé. Son message m'a fait halluciner. Je n'y ai pas répondu », indique-t-elle dans une déclaration à la police. Édouard Stern pourchasse Cécile Brossard. Il réussit à la joindre au téléphone et la prie, lui *ordonne*, pourrait-on dire, de lui rendre le million de dollars. S'ensuit une scène abominable au téléphone au cours de laquelle le financier traite sa maîtresse de voleuse. À Genève, une amie d'Édouard Stern assiste à cette effroyable scène.

Édouard Stern fait savoir à Cécile Brossard, via un courriel comminatoire, qu'il veut et qu'il va récupérer son argent. Est-il au courant que Cécile a déjà retiré 5 000 dollars ? « Tu ne tiens pas ta parole », écrit-il en tout cas à sa compagne. Cécile Brossard est furieuse.

« Tu as gagné ! »

La journée du 21 février 2005 constitue un tournant dans le drame qui va se nouer une semaine plus tard. Ce jour-là, Édouard Stern a sans doute compris qu'il était sur le point de perdre Cécile. En cette fin de matinée, il l'appelle sur son téléphone portable. Il tente aussi de joindre Jérôme Mangin, l'ami d'Édouard devenu le confident de Cécile.

Dans un état second, il téléphone également à Xavier Gillet pour lui dire qu'il a « gagné ! ». Que Cécile va rentrer au bercail.

Trois jours plus tard, le compte du Crédit suisse de Cécile Brossard est bloqué suite à une ordonnance de la justice civile vaudoise, exécutée sur l'ordre d'Édouard Stern, le donateur qui s'est ravisé. Cécile Brossard n'a pas tenu sa promesse. Édouard Stern est donc décidé à récupérer son million de dollars. Par n'importe quel moyen. La solution ? Elle est toute simple. Lorsqu'on s'appelle Édouard Stern, on mandate des avocats et on demande le séquestre de la somme placée sur le compte en banque du Crédit suisse de Cécile Brossard. Pas question pour autant d'aller expliquer devant un juge, même civil, que l'on veut récupérer de l'argent donné à sa maîtresse. Alors, Édouard Stern invente. Il invente une histoire de tableaux de Chagall que Cécile Brossard aurait dû lui livrer. L'histoire, en même temps, est crédible : Édouard Stern est un passionné d'art et en particulier de peinture.

Le 22 février 2005, Jean-Marc Reymond, avocat de Lausanne, mandaté par Édouard Stern, actionne la justice civile vaudoise afin de faire séquestrer le million de dollars.

Le juge de paix du district de Vevey est saisi d'une requête de séquestre de trois pages. « Par pudeur, parce qu'il espère toujours récupérer Cécile Brossard, Édouard Stern a inventé cette histoire de commission sur des tableaux de Chagall », indique Me Marc Bonnant, l'avocat de la famille Stern.

Le courrier officiel de demande de séquestre allègue en préambule que le requérant et l'intimée ont des liens amicaux, ce qui explique le manque de formalités de leurs relations juridiques. Il fait état « d'un règlement pour l'achat de huit toiles de Chagall et d'une option sur un tableau de Fautrier dont madame Brossard est propriétaire. » Cécile Brossard se serait engagée à lui en vendre une sélection. Or, poursuit la requête, le choix des tableaux n'a jamais pu être opéré.

Naturellement, Cécile Brossard n'a jamais été l'heureuse propriétaire de huit toiles de Chagall... L'histoire n'est que mensonge. Mais elle est traitée avec célérité : la justice suisse a estimé que la requête d'Édouard Stern était vraisemblable, donc fondée.

La mise sous séquestre est exécutée le 24 février 2005. À relever qu'il s'agit d'une mesure uniquement conservatoire. Si la procédure civile s'était poursuivie, il aurait appartenu à Édouard de motiver ses dires. Et à la partie défenderesse d'en prouver le caractère infondé. Le banquier aurait probablement été débouté s'il n'avait pas été abattu quatre jours plus tard.

Édouard Stern est mort de la main de Cécile Brossard. Malgré cela, la jeune femme continue à vouloir récupérer son argent. Le 11 mars 2005, au lendemain de l'enterrement d'Édouard Stern, soit quatre jours avant l'arrestation de Cécile Brossard, son avocat, Me Pierre-Olivier Wellauer, adresse une lettre aux héritiers d'Édouard Stern. Un courrier rédigé bien sûr à la demande de sa cliente qui leur suggère de renoncer à la procédure de séquestre. Me Wellauer avertit : « Il serait regrettable que la procédure de séquestre ne fasse encore couler plus d'encre que l'entier de l'affaire ne l'a fait jusqu'ici [...]. Cet argent a bien été donné par Édouard Stern. J'imagine mal comment on pourrait le reprendre à sa propriétaire en dépit du drame », commente l'avocat.

« Malgré le désarroi dans lequel aurait dû la plonger l'acte passionnel, elle a été prompte à veiller à ses intérêts avec une célérité digne d'éloges », note Me Marc Bonnant. « Tout ce que ma cliente voulait savoir, ce sont les raisons qui ont poussé Édouard Stern à séquestrer son compte. L'argent lui était égal », répond Me Bruno de Preux. « Ce n'est pas une passion noble qui a déterminé ce meurtre. Mais des sentiments vils. On peut avoir la passion de l'intérêt », rétorque encore Me Bonnant.

L'avocat de la famille d'Édouard Stern ne l'entend pas de cette oreille. « Je donne acte à Cécile Brossard que ce million est un don.

Les héritiers du banquier ne souhaitent en aucun cas récupérer cet argent souillé, maudit. Au mois de juin 2006, le compte du Crédit suisse de Montreux était toujours bloqué par la justice genevoise. Mais dès qu'ils pourront récupérer le million de dollars, les enfants d'Édouard Stern en feront donc don à une association caritative dans le domaine de l'enfance.

L'argent est bloqué

Le 23 février 2005, Édouard Stern débarque à Nanteuil-le-Haudouin. Cécile Brossard n'ouvre pas la porte. Le lendemain, le banquier appelle frénétiquement sa maîtresse sur son portable. Le téléphone sonne dans le vide. Mais Édouard Stern ne désespère pas. Le vendredi 25 février, il compose à nouveau le numéro de Cécile, qui cette fois décroche. Les choses semblent s'apaiser. Édouard Stern affirme qu'il a quelque chose de très important à lui dire. Cécile rentre en Suisse. Elle laisse sa voiture à l'aéroport de Roissy et embarque dans un avion pour Genève. Édouard Stern lui a réservé un billet. Cécile le retrouve le soir même à son domicile, 17, rue Adrien-Lachenal. Là, Édouard Stern lui confirme que le million a bel et bien été confisqué par la justice civile vaudoise. Cécile Brossard ne peut plus toucher le moindre centime... « C'est une mesure provisoire, explique-t-il, afin de voir comment tu te comportes. »

L'amant éconduit a retrouvé ses réflexes de banquier. Cécile est estomaquée mais passe tout de même la nuit avec Édouard. Les somnifères qu'elle ingurgite lui permettent de fermer les yeux. De se reposer. Juste quelques heures. Mais, au matin du samedi 26 février, nouvelle dispute. Cécile revient à Clarens pour le week-end. Elle n'en peut plus. Stern la supplie de revenir. Cécile tient bon. Elle ne veut plus le revoir. En fait, la jeune femme se trouve comme en état de transe. Elle ameute ses amis, les vrais, à savoir Xavier Gillet et Jérôme Mangin. « C'est un salaud ! Une ordure ! Il m'a fait bloquer l'argent sur mon compte ! » Xavier Gillet le dira quelques jours plus tard dans une déclaration à la police, Cécile se trouvait dans un état de fureur absolue.

Le soir du dimanche 27 février 2005, la veille de sa mort, Édouard Stern téléphone à Cécile Brossard à 19 heures. Elle accepte de dîner avec lui. Ils se retrouvent un peu plus d'une heure et demie plus tard, au Harry's Bar Montreux. Le dîner n'a rien d'un dîner en amoureux mais plutôt d'une énième, d'une ultime explication. Orageuse, forcément. Cécile Brossard, qui a déjà considérablement maigri ces dernières semaines, ne touche pas à son assiette. Elle laisse échapper quelques sanglots. Une serveuse expliquera à la justice que selon elle le couple discutait sérieusement. « Il essayait visiblement d'expliquer quelque chose à la jeune femme assise en face de lui. » Cécile Brossard écoute. Elle a du mal à retenir ses larmes.

Édouard Stern paye l'addition. Il rentre à Genève tandis que Cécile regagne son domicile de Clarens. Il est 23 heures. Dans moins de vingt-quatre heures, le banquier sera mort. À minuit, Édouard Stern téléphone à Cécile.

Il en fera de même à 1 h 06 du matin. Avant de raccrocher, puis de se coucher.

Le jour du drame

Lors de sa première audition par la police, le 5 mars 2005, Cécile Brossard déclare, comme Xavier Gillet d'ailleurs, que le jour du drame elle s'est levée comme d'habitude vers midi. Les relevés téléphoniques établiront que Cécile Brossard s'était peut-être réveillée avant.

Le 28 février 2005 à la première heure, Cécile Brossard passe en effet plusieurs coups de fil à son banquier. Elle veut vérifier que l'argent est bel et bien bloqué. Qu'il ne s'agit pas encore d'un coup de bluff d'Édouard Stern.

En début d'après-midi, la Française se rend à l'agence du Crédit suisse de Montreux pour en avoir la preuve. Édouard Stern n'a pas menti. Cécile Brossard se fait remettre l'ordonnance de séquestre de la justice civile vaudoise. Elle est furieuse.

Pour tenter de se calmer, elle se réfugie au Spa du Montreux Palace où elle a rendez-vous à 15 heures. Mais ni le hammam, ni le sauna, ni le massage ne peuvent apaiser sa colère.

Que se passe-t-il alors dans la tête de Cécile Brossard ? La Française est épuisée, lessivée par ces dernières semaines, ces derniers mois de passion destructrice. Pourquoi se rend-elle, le soir même, à l'appartement d'Édouard Stern ? Bien sûr, Édouard lui a demandé une nouvelle fois de le rejoindre. Mais croit-elle encore pouvoir sauver leur relation ou alors vient-elle, le cœur rempli de rage et de haine ?

En fin de journée, Cécile Brossard rentre se changer à son domicile de Clarens. Peu avant 19 heures, elle annonce à Xavier Gillet qu'elle veut tirer toute cette affaire au clair : « Je vais à Genève. Je vais voir Langlois-Meurinne », annonce-t-elle à Xavier. Aimery Langlois-Meurinne est un ami d'enfance d'Édouard Stern. Ensemble, ils ont fait les quatre cents coups. Ce n'est pas la première fois qu'elle utilise comme prétexte le nom du financier, ancien administrateur de Rhodia et administrateur directeur général de la société Pargesa. Elle le connaît et l'apprécie.

L'amante monte dans la Mini grise de Xavier Gillet. Elle arrive au domicile d'Édouard Stern un peu avant 20 heures. Édouard Stern, lui, la rejoint quelques minutes plus tard après une dernière conférence téléphonique avec ses avocats. Le couple reste environ un quart d'heure dans la cuisine.

Le million de dollars est-il évoqué ? Sans doute. Probablement que Cécile et Édouard haussent le ton. Dans le langage courant, on appelle cela « s'engueuler ». « L'atmosphère était tendue », reconnaît Cécile Brossard devant les enquêteurs. Malgré leurs différends, malgré cette dispute, Édouard Stern a envie de Cécile. Pas elle. « J'ai d'abord refusé mais j'étais comme hypnotisée », assure-t-elle.

Édouard Stern revêt la combinaison qui a tant défrayé la chronique. Contrairement à ce qui se passe quotidiennement dans sa vie professionnelle, Édouard Stern joue cette fois volontairement le rôle du soumis. Une inversion des rôles classique bien connue des sexologues et des prostituées : le PDG en manque de fustigation, le capitaine d'industrie avide de régression au stade infantile, le général amateur de bondage.

Cécile Brossard, elle, enfile un collant ouvert à l'entrejambe. Le jeu SM peut commencer. Probablement que les mots claquent et résonnent aussi dans la chambre à coucher du banquier. Mais le jeu, même sadomaso, a ses limites. Pour sa défense, Cécile Brossard assure avoir « pété un câble » lorsque Édouard Stern l'a traitée de « pute ». Lorsqu'il prononce cette ultime phrase : « Un million de dollars, c'est cher pour une pute ! » Telle est, en tout cas, la première version donnée par l'inculpée. Édouard Stern, lui, n'est plus là pour confirmer ou infirmer ses dires et ses déclarations à la police et à la justice suisses. « Cette phrase lui a fait l'effet d'une bombe », affirme Me Bruno de Preux, l'un des deux avocats de Cécile Brossard.

Des semaines plus tard, dans le cabinet du juge d'instruction au palais de justice de Genève, Cécile Brossard explique qu'après avoir tiré une première balle, des flashes sont apparus dans sa tête. Des images, selon elle, insoutenables, de bêtes en train d'agoniser dans les vastes et lointaines savanes africaines. Des images qui lui rappellent les safaris en Afrique du Sud ou en Tanzanie lorsqu'elle accompagnait Édouard Stern. Le juge Graber lui fait pourtant remarquer que sur une des photos retrouvées d'elle, Cécile Brossard pose avec le sourire à côté d'un hippopotame baignant dans son sang. *Idem* avec le léopard mort qu'elle porte en écharpe sur ses épaules. « C'était pour faire plaisir à Édouard », répond-elle, évoquant la cruauté du chasseur.

Selon ses aveux, elle retourne dans le dressing. Elle dit avoir empoigné trois armes, un Beretta 92, un HK USP et un Smith & Wesson spécial, qui se trouvent dans le tiroir du haut d'un meuble-commode. Quelques secondes plus tard, elle serait revenue dans la chambre à coucher. Édouard Stern croit-il à un nouveau jeu ? Une version érotique de la roulette russe ? Un artifice pour intensifier le flux d'adrénaline, l'excitation et l'extase qui tardent à venir ? On ne le saura jamais. Cécile Brossard empoigne le Smith & Wesson. Elle dit avoir fait feu. Elle aurait tiré le premier coup entre les deux yeux. La deuxième balle atteint le crâne d'Édouard Stern, dissimulé derrière le capuchon de sa combinaison en latex. Encore deux autres coups de feu, l'un dans le thorax, l'autre dans la poitrine. Le latex se referme instantanément sur les points d'impact des balles, comme pour masquer leur obscénité.

Le corps du banquier gît désormais à terre. Recroquevillé en chien de fusil. L'arme fume encore lorsque celle qui dit avoir tiré tombe à genoux. Elle pense être restée là, prostrée, une dizaine de minutes devant le corps de son homme. À la justice, Cécile Brossard assure avoir « pensé téléphoner à la police ». Mais elle ne l'a pas fait. Elle n'a pas composé le numéro d'urgence, le 117. « Je ne voulais pas imposer cela à Xavier », confie-t-elle dans ses auditions. Elle assure n'avoir parlé à personne de la mort de son amant. Elle certifie n'avoir pas dit la vérité à ses avocats, lesquels se seraient sentis « trahis ». Voilà pour la première version livrée par Cécile Brossard à la police genevoise. Cécile Brossard oriente même les enquêteurs genevois, en leur glissant que ces derniers temps Édouard Stern avait peur. La preuve ? Il était toujours armé. Elle évoque le différend opposant Édouard Stern au groupe chimique Rhodia...

5

La cavale

Un taxi pour Milan

Si l'on en croit ses aveux, Cécile Brossard quitte l'appartement vers 21 h 15.

Cécile Brossard quitte l'appartement du 17, rue Adrien-Lachenal le lundi 28 février à 21 h 15. Quelques minutes auparavant, elle jette des affaires dans un sac de voyage en cuir noir : la tenue de cuir qu'elle portait ce soir-là, un tee-shirt, des collants, des jambières, des bretelles et... un fouet. Des affaires qu'elle roule en boule, précipitamment. Toujours selon ses aveux, malgré l'horreur, malgré la panique qui s'empare d'elle, elle emporte les bouteilles d'eau et de Coca light qu'elle a bues et sur lesquelles se trouvent ses empreintes digitales. Elle devine que ses empreintes seront retrouvées dans l'appartement. Mais quoi de plus normal puisqu'elle était sa maîtresse officielle ? Cécile emporte donc ce soir-là tout ce qui la relie au crime.

Tous ces éléments compromettants, toutes ces preuves qui risquent de s'accumuler contre elle, elle le sait, il s'agit de les faire disparaître. Par n'importe quel moyen.

Cécile Brossard ramasse les quatre douilles éjectées de la culasse. Il faut faire vite. Scruter chaque pièce. Chaque coin. Ne rien laisser. Tout effacer. Gommer l'infâme et prendre la fuite. On imagine son souffle court. Les yeux hagards. Le visage figé. Les lèvres sèches. La tachycardie. Elle a chaud, transpire. De minuscules gouttelettes de sueur dégoulinent de son front.

Elle embarque les deux sacs, sans oublier son sac à main. Cécile Brossard ferme la porte à clef. Son seul espoir du moment : ne croiser personne. Impossible de soutenir le regard d'un inconnu ou, pire, d'une connaissance, d'un collaborateur de Stern. Il n'est pas rare que l'un d'eux passe par là le lundi soir. Elle appuie sur le bouton de l'ascenseur pour descendre jusqu'au parking. Elle monte dans la Mini. Elle tourne la clef de contact et démarre. Cécile Brossard prend la fuite. Malgré l'horreur, elle doit penser à la suite. À l'avenir. Forcément il y en aura un, même sans Édouard Stern. Elle quitte en trombe le parking souterrain de l'immeuble de son amant. La porte automatique se soulève trop lentement. La caméra de surveillance enregistre l'heure de sa sortie. Elle dit adieu à son ancienne vie. Une page se tourne. Un chapitre se clôt dans un bain de sang. Le suivant démarre par une course folle, une envie de partir loin, très loin, de chasser les images lancinantes et obsédantes de ce corps qui s'affale.

Elle roule. Sa voiture longe la rive droite du lac Léman pour aller emprunter l'autoroute. Dans la pénombre, sa main cherche le téléphone enfoui au fond de son sac. Cécile Brossard compose plusieurs numéros de téléphone. Des amis et même des avocats auxquels elle confie avoir fait une bêtise[1]. Elle joint naturellement Xavier Gillet. Les policiers possèdent les relevés téléphoniques. Ce sont ces « listings » qui les aideront plus tard à la confondre. Dès la découverte du corps du banquier, les inspecteurs interrogent tous les correspondants qui ont reçu des appels affolés de la jeune femme.

Il est environ 21 h 30, Cécile Brossard prend la direction de Clarens, son lieu de résidence officielle avec Xavier Gillet, à proximité immédiate de Montreux, sur la Riviera vaudoise.

1. *Le Parisien,* 21 mars 2005.

Dans sa tête, les images se télescopent. Cette nuit paisible sur les bords du lac, les lumières de la ville de Genève qui se reflètent dans l'eau. Et dans sa tête, les flashes, les éclairs qui passent et repassent en boucle. Le corps de son amant qui s'effondre dans un ultime soubresaut, une ultime supplication.

Il lui faut une bouée. Toujours la même. Cécile compose instinctivement le numéro de Xavier Gillet. Un autre amour complexe et torturé ? Elle explique à Xavier qu'une fois de plus elle s'est disputée avec Édouard. Lui raconte-t-elle toute la vérité et rien que la vérité ou se borne-t-elle à évoquer une énième crise ? L'enquête de la police déterminera que, quelques secondes après avoir raccroché avec Cécile, Xavier Gillet prend son téléphone pour organiser le voyage en Australie de Cécile Brossard, ainsi qu'elle le lui a demandé. À 22 h 11 précisément, Xavier réserve un billet de train aux CFF (Chemins de fer fédéraux) sur le Montreux-Rome de 23 h 40.

Dans la nuit noire et glaciale de l'hiver, Cécile s'engage sur l'autoroute Genève-Lausanne. Il lui faut rouler vite mais pas trop. S'ils se déclenchent pour cause d'excès de vitesse, les radars pourraient permettre aux policiers de remonter jusqu'à elle et de la confondre.

En arrivant à Montreux, Cécile Brossard se rend sur le débarcadère des bateaux à vapeur de la Compagnie générale de navigation (CGN). Elle regarde autour d'elle. Personne. D'un pas décidé, elle s'approche du lac et jette dans les eaux froides du Léman le sac en toile blanc qui contient les trois armes de poing. Un peu plus loin, elle se débarrasse de son fouet en le jetant dans une poubelle. Délestée de ses oripeaux de maîtresse, elle gagne rapidement le luxueux appartement de Clarens pour un huis clos tendu avec Xavier Gillet. L'ultime face-à-face avec l'autre homme de sa vie. Elle est aux abois. Il le sait. Aux policiers, elle explique dans un premier temps avoir juste confié à Xavier qu' elle « en a marre de tout ». Elle dit avoir besoin de prendre de la distance. De partir à l'autre bout du monde.

Elle dit s'être engueulée avec Édouard. Xavier Gillet confirmera cette version aux enquêteurs au mot près. Selon *L'Express*[1], c'est également la version que Cécile Brossard livre à son oncle et à sa tante, un couple d'horticulteurs résidant à Champenoux, en Meurthe-et-Moselle, près de Nancy. Cécile, bouleversée, leur confie : « Je ne suis pas bien. On s'est engueulés, avec Édouard. Je pars pour l'Australie. » Toujours selon l'hebdomadaire, la tante de la jeune femme ne s'alarme pas plus que cela. Elle remarque, certes, la nervosité de sa nièce mais connaît les crises que traversent les amants. Elle sait aussi que sa nièce entretient des relations avec un couple d'amis, des viticulteurs, près de Sydney.

Xavier Gillet est au courant du million de dollars qu'Édouard Stern a donné à Cécile Brossard. Il n'était d'ailleurs pas du tout content que Cécile voulût à tout prix récupérer cet argent. À la police, Cécile Brossard a d'abord certifié qu'il n'était pas au courant du drame. Qu'elle lui avait juste parlé d'une dispute. Après son arrestation, Xavier Gillet va livrer une autre version aux enquêteurs : lors de son retour à Clarens, le 28 février 2005 au soir, Cécile Brossard lui a expliqué qu'elle était entrée dans l'appartement d'Édouard Stern et que ce dernier était en train d'agoniser.

Xavier Gillet a aidé aux préparatifs de départ de Cécile en Australie en appelant les CFF. Il a effectivement organisé sa fuite et son retour en Suisse en lui achetant un billet d'avion auprès de l'agence Laser Tours, agence que le couple connaît bien puisqu'elle lui a préparé plusieurs voyages aux États-Unis. Aux yeux de la justice, il n'est évidemment pour rien dans la mort de l'amant de Cécile Brossard. Pourquoi donc n'a-t-il pas appelé les secours lorsqu'il a appris qu'Édouard Stern était en train de mourir ? Xavier Gillet ne l'aimait pas. Si Édouard Stern

1. *L'Express*, 9 mai 2005.

n'était pas déjà mort, tué par Cécile, il aurait pu être poursuivi pour non-assistance à personne en danger.

Le soir du meurtre, le naturopathe assiste donc au départ de Cécile à l'autre bout du monde. L'homme est furieux : Cécile lui avait promis qu'elle ne reverrait jamais Édouard Stern. Ils en avaient déjà parlé deux jours auparavant... Dans l'appartement de Clarens, le ton monte. La jeune femme est très agitée. Dans une armoire, elle saisit une valise à roulettes. Sa valise, celle qu'elle prend quand elle part loin. Cécile Brossard ouvre ses placards, prend des vêtements un peu au hasard. Elle les plie et les entasse sans ménagement. Encore une fois, il faut faire vite. Une course contre la montre s'engage. Pour une raison qui reste mystérieuse, elle emporte avec elle sa tenue sadomasochiste, celle qu'elle portait quelques heures auparavant dans ses « jeux » avec Édouard Stern. Une preuve potentiellement accablante. Si les policiers l'arrêtent à la frontière, elle sait qu'elle ne pourra pas nier. Alors pourquoi emporter ce souvenir macabre qui lui renvoie les images de cette soirée fatale ? Une pulsion fétichiste ?

Pour Cécile Brossard, c'est le début de la cavale. Elle prend congé de Xavier. L'instant est étrange. Les minutes, les secondes qui s'écoulent semblent sortir du temps.

À 23 h 40, à Villeneuve, Radovan Milic, chauffeur de taxi d'origine serbe, âgé de quarante-six ans, reçoit un coup de fil pour une course qu'il n'oubliera jamais. « Un jeune qui traînait devant la gare de Villeneuve m'a demandé de venir chercher d'urgence une cliente qui voulait à tout prix rattraper l'express Genève-Rome. Elle lui avait demandé s'il pouvait appeler un taxi pour elle depuis son téléphone portable », raconte ce chauffeur de taxi indépendant sur la Riviera vaudoise. Radovan Milic se trouve à quelques minutes de la gare. Il arrive en moins de trois minutes. Face à lui, une jeune femme gracile, vêtue de noir et de blanc, aux longs cheveux blonds tirés en arrière, « très mince, très pressée, hyperstressée », qui traîne derrière elle sa petite valise à roulettes, confie-t-il à l'hebdomadaire *L'Illustré* du 6 avril 2005.

Dans la panique, Cécile Brossard s'est trompée de train. À 23 h 33, elle est montée, à Montreux, dans le train régional qui l'a conduite au terminus de Villeneuve sept minutes plus tard.

Le chauffeur de taxi ouvre le coffre de sa voiture pour y ranger la valise. Cécile Brossard s'installe à l'arrière de la Toyota. Dans sa tête, tout se bouscule. Il faut improviser. Monter à tout prix un scénario qui tienne pour ne pas éveiller les soupçons. On ne sait jamais, la radio a peut-être déjà annoncé la mort du célèbre banquier. Comme dans les films, Cécile demande à Radovan Milic de rattraper l'express Genève-Rome à Aigle, dix kilomètres plus loin. Elle explique simplement qu'elle a pris le mauvais train, que sa mère vient de mourir et qu'elle doit, de toute urgence, se rendre à Rome afin d'y retrouver son père.

Le taxi roule sur l'autoroute en direction du Valais et de ses montagnes enneigées. À la sortie d'Aigle, il quitte l'autoroute pour gagner la petite gare. Hélas, l'express vient de quitter le quai. Cécile Brossard ne s'avoue pas vaincue. Elle demande à Radovan Milic de continuer sa course jusqu'à Martigny, le prochain arrêt, trente et un kilomètres plus loin. Mais, une fois encore, l'express international a devancé le taxi de la fugitive.

« À chaque fois que nous nous sommes arrêtés, elle me répétait : “Ne craignez rien, je vais vous payer.” Elle avait si peur que je la laisse au bord de la route. À Martigny, poursuit le chauffeur de taxi, je lui ai proposé de la conduire jusqu'à Aoste, via le tunnel du Grand-Saint-Bernard, où elle pourrait attraper un train pour Rome. »

Sur le taximètre de la Toyota, les kilomètres défilent. De loin, sur la route en lacet, Cécile Brossard aperçoit la frontière italienne. Dans quelques minutes, elle aura quitté le territoire helvétique. Mais les douaniers italiens sont pointilleux. Au poste frontière, Radovan Milic s'arrête. Il présente ses papiers d'identité. Le chauffeur de taxi se tourne vers sa passagère. Cécile

Brossard secoue la tête. Craint-elle d'être arrêtée ? Elle prétend avoir oublié ses *documenti.* Comme un automate, la jeune femme sort alors de la voiture. Convaincante, elle explique aux douaniers italiens qu'elle a malheureusement oublié ses papiers dans le train, que sa mère est morte. Elle supplie qu'on la laisse passer. Donne un nom et un prénom, une adresse que le chauffeur ne peut entendre. Elle parvient à duper tout le monde. Cécile est une parfaite comédienne quand elle le veut. Peut-être parce qu'à ce moment précis c'est une question de survie. Cécile Brossard a gagné la première manche. Elle remonte dans le taxi. Radovan Milic redémarre.

La traversée de la petite ville d'Aoste s'effectue dans le silence vers les 2 heures du matin. Cécile ne pleure pas. Mais elle se montre d'une intense nervosité. La tension est extrême. Elle doit absolument tenir. Ne pas craquer. D'ailleurs ce n'est pas le moment. Elle touche presque au but. « Tout cela était un peu bizarre mais je ne me suis pas vraiment méfié. J'ai imaginé qu'elle avait quitté son mari ou un truc comme ça. D'ailleurs, à un moment donné, elle m'a demandé de garder la course secrète et de ne rien dire à personne », témoigne encore Radovan Milic.

Régulièrement, Cécile Brossard tend des billets de 100 francs suisses à son chauffeur. La course Villeneuve-Milan (286 kilomètres) lui coûtera au total 775 euros environ. La Française, qui explique être artiste, promet également d'offrir à Milic l'une de ses œuvres à son retour d'Italie.

Elle s'est désormais assoupie sur la banquette arrière de la Toyota. Juste quelques secondes. Soudain, elle se réveille en sursaut. « On est arrivé ? », demande-t-elle, la voix rauque. Le taxi se trouve encore à 150 kilomètres de Milan.

Dans le tunnel du Grand-Saint-Bernard, la passagère entrouvre la fenêtre. Elle dit avoir laissé glisser discrètement sur le macadam les quatre douilles de 9 mm qui ont tué Édouard Stern. Après son arrestation, le juge Graber enverra les policiers passer la chaussée au peigne fin. Certaines douilles seront retrouvées. Entre le 28 février au soir et la mi-mars, le tunnel a été nettoyé.

Radovan Milic n'a pas l'habitude de circuler dans les grandes villes. Ses courses, habituellement, ne durent que quelques minutes. Pour quelques dizaines de francs. Aussi le chauffeur de la Riviera vaudoise s'égare-t-il dans le labyrinthe des grandes avenues de la cité lombarde, capitale économique de l'Italie.

Cécile Brossard se montre de plus en plus nerveuse. Radovan Milic commence vraiment à en avoir assez. Mais il n'a pas d'autre parti que celui de demander à un confrère taxi, rencontré dans la nuit, de lui ouvrir la route de l'aéroport.

Il est 4 heures du matin lorsque Cécile Brossard arrive à l'aéroport de Milan-Malpensa. Elle sort précipitamment du taxi. Mais, vu l'heure matinale, les portes sont encore closes. « De dépit, de rage, elle tambourinait de ses poings fermés contre les vitres », se souvient Radovan Milic. Il ne reste pourtant plus que quelques mètres à parcourir pour atteindre le quai d'embarquement. Tant pis. Cécile Brossard ne s'avoue pas vaincue. Elle fait demi-tour et supplie son chauffeur de la mener jusqu'à Rome. Mais l'homme ne veut plus poursuivre sa route. Il en a assez. Il est trop fatigué. Sans compter qu'il a largement dépassé son quota d'heures supplémentaires... Il abandonne Cécile Brossard avec sa valise à roulettes et prend la route du retour pour la Suisse. Seule devant cet aéroport désert, Cécile Brossard attend l'ouverture des portes. Seule dans la nuit. Seule avec ses remords, ses regrets, elle fait les cent pas. Une ombre longiligne perdue dans l'obscurité. Seule avec ses démons.

Dès l'ouverture de l'aéroport, Cécile Brossard se rue sur le guichet d'Austrian Airlines. Elle retire un billet simple pour Sydney. À 7 h 40, elle embarque dans l'avion qui doit la conduire à l'autre bout du monde et la soustraire à son cauchemar.

Quelques jours plus tard, le chauffeur de taxi découvre avec stupéfaction la photo de sa mystérieuse passagère dans les journaux. D'un seul coup, il comprend. « À ce moment, je me suis posé la question : si, durant le trajet, elle m'avait avoué avoir tué quelqu'un, qu'est-ce que j'aurais fait ? », s'interroge encore aujourd'hui Radovan Milic.

Un aller-retour pour l'Australie

Il est environ 11 heures lorsque l'appareil se pose pour une escale à l'aéroport international de Vienne, en Autriche, ce mardi 1er mars. Cécile Brossard, qui a voulu « prendre le large », débarque dans la zone de transit. Visiblement, la jeune femme a retrouvé ses esprits. De Vienne, elle appelle son banquier du Crédit suisse, à Montreux, afin de faire lever le séquestre ordonné par la justice vaudoise à la demande d'Édouard Stern. Elle faxe des documents pour récupérer son million de dollars.

Cécile appelle aussi son avocat lausannois, Me Pierre-Olivier Wellauer, ancien bâtonnier de l'ordre des avocats du canton de Vaud. « À ce moment, elle n'est ni effondrée ni prostrée, relève Me Marc Bonnant, l'avocat des trois enfants et de l'ex-femme d'Édouard Stern. « Méthodique et systématique », pour reprendre les termes de l'avocat, elle faxe depuis l'aéroport de Vienne un certain nombre de documents afin de pouvoir récupérer son million de dollars.

Pourquoi l'Australie ? Qu'a donc en tête la fugitive lorsque les roues du Bœing d'Austrian Airlines se posent sur la piste de Sydney au terme d'un long vol transcontinental de douze heures ?

Le crissement des roues sur le tarmac et l'ultime soubresaut de la carlingue annoncent la fin d'une cavale de 17 000 kilomètres. Enfoncée dans son siège, Cécile Brossard a sans doute eu le temps de se repasser des dizaines de fois le film de sa dernière soirée avec Édouard. Cécile Brossard a aussi eu le temps de réfléchir à la suite. Pendant le voyage, l'hôtesse lui a proposé plusieurs rafraîchissements. Sans doute parce que son visage marqué par la fatigue trahissait plus que d'autres, une certaine angoisse. Un peu plus que le mal de l'air.

Elle est brutalement extraite de ses pensées. Une voix nasillarde s'échappe du haut-parleur au-dessus de sa tête pour annoncer l'arrivée à l'aéroport international Charles Kingsford Smith. Les voyants viennent de s'allumer. Une lumière rouge indique : *Unfasten safety belt* (« Vous pouvez détacher votre ceinture »). La jeune femme jette un coup d'œil par le hublot d'où l'on entrevoit le ballet des avions qui se posent et décollent. Cécile Brossard débarque à l'aéroport de Sydney en fin d'après-midi le 2 mars 2005.

Son premier réflexe est d'aller se réfugier dans une chambre d'hôtel, où elle passera moins de dix-huit heures. La zone de l'aéroport Charles Kingsford Smith en regorge. À l'autre bout du monde, Cécile Brossard sort son passeport et passe le contrôle sans la moindre difficulté. À l'heure où elle pose le pied sur le sol australien, les policiers genevois viennent seulement de découvrir le meurtre et le corps sans vie du banquier dans la chambre à coucher de son appartement. Les enquêteurs ignorent encore tout de l'existence de Cécile Brossard. La distance qu'elle a mise entre Genève et elle, les milliers de voyageurs qui font escale à Sydney sont incontestablement sa meilleure protection.

Cécile Brossard n'est plus qu'une jeune femme anonyme perdue à des milliers de kilomètres de Genève.

À ce moment-là, deux possibilités s'offrent à elle : faire marche arrière, rentrer et prendre le risque d'être arrêtée, ou bien disparaître à jamais. Tourner la page. Entamer une nouvelle vie. Après tout, d'autres l'ont déjà fait. Elle dispose encore d'une longueur d'avance sur les enquêteurs.

Que se passe-t-il dans la tête de la jeune femme ?

Aujourd'hui encore, alors que son procès est annoncé devant la cour d'assises de Genève, son périple en Australie reste entouré de mystères.

Le juge Michel-Alexandre Graber a tout mis en œuvre pour connaître le détail de l'emploi du temps de Cécile Brossard durant son court séjour à Sydney. Il faut dire que ce déplacement soulève beaucoup de questions.

Pour les avocats de Cécile Brossard, Mes Bruno de Preux et Pascal Maurer, Cécile Brossard a choisi l'Australie un peu par hasard. Elle voulait prendre le large. « Parce que c'était la destination la plus lointaine. » La jeune femme aurait tué son amant de quatre balles. Elle aurait pris le temps de nettoyer ses empreintes, de ramasser les douilles, de jeter l'arme du crime et la clef de l'appartement d'Édouard Stern dans le lac Léman ainsi que son fouet dans une poubelle. Elle aurait fait le nécessaire pour ne pas être identifiée. Du moins l'espère-t-elle.

Que l'on penche pour l'hypothèse du coup de folie ou du meurtre prémédité, de l'assassinat, chaque thèse aboutit à une impasse. Les enquêteurs ont le sentiment persistant qu'il manque une pièce au puzzle.

Autant d'éléments et surtout de questions qui renvoient forcément à ce qui s'est passé à Sydney. Que sait-on au juste sur cet aller-retour ? Très peu de chose. Mais tout de même suffisamment pour se convaincre que « l'épisode australien » n'est pas tout à fait aussi anodin qu'on a bien voulu le dire.

Une fois à Sydney, Cécile Brossard ne fait pas que se réfugier dans une chambre d'hôtel de la zone aéroportuaire. Par précaution, au cas où son téléphone portable serait déjà sous surveillance, elle a acquis un téléphone australien.

Un an après l'arrestation, le juge Michel-Alexandre Graber cherche toujours à reconstituer dans le détail son emploi du temps. Il sait que Cécile Brossard s'est entretenue avec son ami Bob Benamou, le galeriste parisien.

Surpris d'apprendre que Cécile se trouve en Australie, ce dernier lui demande ce qu'elle a bien pu aller « foutre là-bas » [1].

1. Airy Routier, *Le Fils du serpent*, *op. cit.*

Cécile explique qu'elle s'est encore engueulée avec Édouard. « Ça a été pire que tout. C'est fini. Je n'en peux plus. »

Le galeriste s'inquiète. Il lui demande si elle connaît du monde à Sydney.

« Non. Je suis partie comme ça, au bout du monde. J'ai pris le premier avion, pour aller le plus loin possible.

– C'est idiot. Il faut que tu rentres tout de suite.

– Mais je ne veux plus le revoir. »

Cécile ne le reverra jamais. Elle le sait. Pas même au cimetière. Celle qui, selon les dires de ses avocats, a « pété les plombs » continue de jouer la comédie. Un art dans lequel elle semble exceller si l'on en croit sa conversation téléphonique avec la productrice Fabienne Servan-Scheiber.

La demi-sœur d'Édouard Stern, sa confidente, téléphone le 3 mars 2005 de la station de Méribel en Savoie, où elle passe des vacances avec ses enfants et son compagnon, le socialiste Henri Weber. Fabienne Servan-Schreiber vient d'apprendre l'incroyable nouvelle de la bouche de l'oncle d'Édouard, Philippe Stern : Édouard est mort. Il a été abattu chez lui ! Philippe Stern, domicilié à Genève, a été averti par un enquêteur de la brigade criminelle.

Fabienne connaît Cécile. Son frère avait tenu à la lui présenter. Normal de présenter la femme qu'il aimait et qu'il était prêt à épouser à celle qui était depuis longtemps sa plus proche confidente. Bouleversée, mais ne voulant pas annoncer à Cécile la mort d'Édouard de manière trop brutale, Fabienne Servan-Schreiber explique qu'il est arrivé quelque chose de très grave à Édouard. Elle tente de dissimuler sa tristesse, son désarroi, afin de protéger celle qu'elle croit encore être une amie.

« Quoi ? Mais qu'est-il arrivé à Édouard ? Un accident de voiture ? Ce n'est pas trop grave, j'espère ? »

[Silence]

« Si. Il est mort... Il a été tué dans son appartement. Il a été assassiné. »

À ce moment précis, Fabienne Servan-Schreiber éprouve encore de la compassion pour la « malheureuse ». Cécile Brossard semble vraiment sous le choc. Elle est en larmes.

« Mais ce n'est pas possible. C'est horrible. C'est épouvantable. Que s'est-il passé ? »

Et de promettre de rentrer par le premier avion :

« J'arrive. Je dois porter le deuil. »

Cécile Brossard sait que désormais son retour en Suisse est inévitable. « Coupable, elle devait partir. Innocente, elle devait revenir », plaide déjà Me Marc Bonnant, l'avocat de la famille Stern. Cécile Brossard a si bien joué la comédie ce jour-là que, forcément, les enquêteurs s'interrogent par la suite sur ses capacités à manipuler tout son entourage. Une faille dans laquelle l'avocat d'Édouard Stern ne manquera pas de s'engouffrer lors du procès d'assises pour stigmatiser l'esprit forcément retors à ses yeux de Cécile Brossard.

Cécile Brossard raccroche. Elle essuie ses larmes. Et lance plusieurs coups de fil à des correspondants dont le juge Graber a demandé les numéros aux autorités australiennes, via une commission rogatoire internationale.

Les autorités judiciaires australiennes ne sont pas des plus coopérantes… Et le magistrat devra s'y prendre à deux reprises pour obtenir les informations qu'il souhaite. Dans un premier temps, la justice australienne ne lui a fourni que la liste des appels sortants. Décidément, l'entraide judiciaire avec l'Australie laisse à désirer…

La dernière fois qu'un juge suisse a pu le vérifier, c'était lors de l'enquête sur le massacre de l'Ordre du temple solaire (OTS) à Cheiry et Salvan, à l'automne 1994. Jo Di Mambro et Luc Jouret avaient opéré des transferts d'argent entre la Suisse et l'Australie, contrée dans laquelle ils avaient prévu un temps de se retirer. En cause, un troublant virement de plusieurs dizaines de millions de dollars qui n'a jamais été élucidé. On évoquera un temps une affaire de vente d'armes. Quoi qu'il en soit, l'Australie se gardera bien de fournir le détail de l'opération. Et pour cause. L'Australie est, elle aussi, une place financière soucieuse de discrétion. La législation en la matière y est particulièrement souple, suffisamment pour pouvoir laisser le temps à Cécile Brossard d'opérer une ouverture de compte ou un virement. Une pure hypothèse, bien sûr. Mais l'argent occupe une place prépondérante dans cette affaire.

Et si Cécile Brossard s'était rendue en Australie pour mettre des documents à l'abri ? Une hypothèse. Une hypothèse qui circule au sein des services de renseignements français. Édouard Stern ne cloisonnait pas autant qu'on a bien voulu le dire sa vie privée et ses affaires. Cécile Brossard a peut-être été, à plusieurs reprises, témoin de conversations et de rencontres liées aux affaires du financier. Édouard Stern excelle, depuis sa sortie de la Banque Lazard, dans les montages financiers sophistiqués. Il jongle avec les sociétés *off-shore*. Cécile Brossard a-t-elle appris des choses lorsqu'elle a accompagné le financier dans ses voyages d'affaires ?

Reste l'éternelle question : pourquoi ce périple en sachant qu'elle risque d'être interpellée à son retour ? Pourquoi Sydney ? Qui y a-t-elle vu et qu'a-t-elle fait sur place ?

Encore une fois, comme dans tous ses moments de détresse, Cécile téléphone à son oncle et à sa tante de Nancy. Et fait appel à l'assistance de Xavier Gillet pour revenir. C'est le naturopathe qui prend contact avec l'agence de voyages Laser Tours à Montreux, agence que le couple connaît bien. « Nous leur avions déjà organisé des voyages. Monsieur Gillet m'a expliqué que son épouse se trouvait en Australie et qu'elle voulait modifier la date de son retour en Suisse. Il fallait qu'elle rentre absolument. De mémoire, j'ai dû réserver un vol retour sur Lufthansa ou une compagnie autrichienne », témoigne l'un des collaborateurs de l'agence. Efficace, ce dernier réussit à trouver un vol retour sur Zurich. Sans savoir bien sûr que sur le billet qu'il établit est écrit le nom de Cécile Brossard... Lorsque cet employé découvre, dans la presse, le nom et la photo de Cécile

Brossard, il prend immédiatement contact avec la brigade criminelle de la police genevoise.

Cécile Brossard s'apprête à rentrer en Suisse. Elle sait qu'inexorablement elle devra répondre aux questions de la police et de la justice. Elle le fera dès son retour au pays, le 4 mars 2005.

Le lendemain, le samedi 5 mars dans l'après-midi, elle se rend avec Xavier Gillet à la police genevoise où elle est entendue pendant près de dix heures.

Le colis

Avant de repartir d'Australie, le 3 mars 2005, Cécile Brossard prend le temps, pour une raison totalement incompréhensible, d'adresser un bien étrange colis à son oncle et à sa tante de Meurthe-et-Moselle.

Jean et Andrée Hary, l'oncle et la tante de Cécile Brossard, se trouvent à leur domicile lorsque, le 11 mars en fin de matinée, le facteur sonne à la porte pour leur amener un colis emballé dans du papier kraft marron et posté de Sydney. L'écriture de Cécile est reconnaissable. Le couple, au courant de la mort d'Édouard et du périple australien, préfère demander conseil à un avocat avant de l'ouvrir. Quelle n'est pas leur surprise lorsque les deux paisibles retraités en découvrent le contenu !

À l'intérieur du paquet, la tenue que leur nièce portait le soir du crime : ses bas noirs, ses bretelles, son bustier et ses jambières de cuir. Le tout maculé de sang. Cécile Brossard y a joint un mot. Juste quelques lignes pour s'excuser des soucis et pour demander à sa tante de laver ses affaires et de « conserver tout cela précieusement ». Cécile a aussi joint une enveloppe jaune. Dedans, une grosse somme d'argent dont la justice helvétique aurait demandé de ne pas faire état dans la presse. Un fait totalement réfuté par le juge Graber.

Après avoir ouvert le colis, Me Gérard Michel, l'avocat du couple de retraités, le remet au procureur général de Nancy,

Gilles Lucazeau. Le juge d'instruction genevois Michel-Alexandre Graber lance, le 18 mars 2005, une commission rogatoire internationale auprès du tribunal de grande instance de Nancy aux fins de récupérer le colis. Parallèlement, le magistrat lance une autre commission rogatoire internationale en Autriche, siège de la compagnie aérienne, visant à vérifier la date et les conditions dans lesquelles le billet d'avion Milan-Vienne-Sydney a été acquis par l'inculpée. Le juge Graber veut savoir si Cécile Brossard a voyagé seule. Ce qui sera confirmé par la suite.

Dès son arrivée en Suisse, la tenue que Cécile portait le soir du drame dans l'appartement d'Édouard Stern est confiée aux mains expertes de la BPTS (Brigade de police technique et scientifique genevoise). L'oncle et la tante de Cécile Brossard rapporteront personnellement aux policiers genevois la montre d'Édouard Stern que Cécile avait laissée dans leur voiture à son retour d'Australie.

Dix-huit mois après le drame, l'histoire de ce paquet reste encore un mystère. Une énigme supplémentaire dans une histoire déjà si compliquée. Le genre de détails qui contribue à alourdir dès le départ le climat délétère qui entoure la mort d'Édouard Stern à Genève.

Y aurait-il quelque chose de subliminal, comme une sorte de message codé dans cet envoi de Cécile à son oncle et à sa tante ? Comment sinon expliquer ce manque de maîtrise, ce geste absurde, de la part de celle qui semble avoir tout si bien planifié jusque-là ? Une erreur fatale ? Comment y croire ? Ou si, alors, Cécile Brossard avait tout simplement tenu à conserver ces affaires qui lui rappellent l'homme qu'elle aimait et qu'elle a tué ? De vénérables reliques, en quelque sorte ?

Très proche de cette tante et de cet oncle qui l'ont accueillie comme leur propre fille, Cécile Brossard leur a déjà adressé des courriers dans le passé. Des cartes postales de ses multiples voyages à l'étranger avec Édouard Stern. Des lettres aussi, dans lesquelles elle se confie. Des documents qu'elle leur demande de garder. L'un d'entre eux, plus particulièrement, va intéresser la justice genevoise.

Quelques jours après l'arrestation de Cécile Brossard, Me Gérard Michel, l'avocat de la famille Hary, se trouve à Paris sur le plateau de l'émission *Sans aucun doute* en compagnie de Julien Courbet. Il reçoit un appel sur son téléphone portable. À l'autre bout du fil, le juge Graber. Le magistrat est à la recherche de papiers que Cécile a confiés à sa tante et à son oncle quelques mois auparavant.

Pour l'occasion, le magistrat helvétique autorise la suspecte à s'entretenir au téléphone avec ses proches. C'est elle qui leur demande d'apporter ces documents à Genève.

La presse évoque aussi la découverte d'un mystérieux carnet d'adresses. À l'intérieur, s'empressent de rassurer les autorités judiciaires genevoises via un nouveau communiqué de presse, ne figure aucun « nom de personnalités en vue ».

L'avocat du couple, Me Gérard Michel, confirme en tout cas que ses clients « sont en possession d'éléments qui intéressent vivement la justice genevoise ». Sans affirmer qu'il s'agit de pièces à conviction, il indique que ces « éléments peuvent aider à comprendre l'enchaînement des faits ». L'avocat du barreau de Nancy sera très rapidement dessaisi du dossier, au profit des deux avocats genevois, Mes Bruno de Preux et Pascal Maurer.

Me Gérard Michel est prié de ne plus faire état dans la presse de la somme d'argent retrouvée dans le colis.

6
L'arrestation

Le retour

Dans l'avion qui la ramène en Europe, Cécile Brossard avale, comme souvent, des calmants délivrés uniquement sur ordonnance médicale.

À l'escale de Singapour, elle tombe sur un exemplaire du *Figaro* qui titre à la une « Mort suspecte d'Édouard Stern ». Le visage de son amant semble la défier. La Française craque. À tel point que des médecins sont appelés. On hésite beaucoup à la faire remonter dans l'avion. Fébrile, elle s'accroche d'une main à la rampe de l'escalier roulant qui la conduit à la salle d'embarquement. Cécile Brossard vole vers son destin. Comme prévu, l'avion se pose le vendredi 4 mars 2005 aux premières heures du jour, à l'aéroport de Zurich-Kloten. Comme prévu, son oncle Jean et sa tante Andrée sont venus la chercher. Ils sont partis la veille au soir de la banlieue de Nancy afin de pouvoir récupérer leur nièce au petit matin. Dans la voiture qui la ramène à Clarens, Cécile Brossard apparaît abattue, puis excitée et euphorique, pour reprendre les termes de son cousin, Robert Hary.

Pendant le trajet en voiture, entre Zurich et Clarens, elle avoue à son oncle et à sa tante avoir « vu Édouard Stern juste avant sa mort. Il était vivant lorsque je suis partie », leur dit-elle. « Mon père lui a recommandé de prendre rendez-vous avec les enquêteurs de la police genevoise », raconte le cousin de la jeune femme. Andrée et Jean Hary déposent Cécile à son domicile avant de reprendre la longue route du retour. Un trajet durant lequel le couple s'interroge et s'inquiète pour leur nièce qui n'a vraiment pas l'air d'aller bien. En même temps, Cécile Brossard vient de perdre l'homme qu'elle aimait... Les époux Hary ont-ils compris que leur nièce était mêlée de près ou de loin à la mort du banquier Stern ?

« Évidemment, nous n'avons jamais été confrontés à une telle situation », continue Robert Hary. Le cousin de Cécile ne sait plus que penser. « Pour moi, elle vivait une vraie relation avec Xavier Gillet, qui gagnait bien sa vie. Cécile se consacrait à la peinture et la sculpture. Elle a toujours eu un excellent coup de crayon, hérité de son père, qui exerçait la profession de dessinateur publicitaire. Mais, quand on m'a dit qu'elle menait une double vie, je n'ai pas compris. Je n'y ai pas cru. Je sais qu'elle a eu plusieurs histoires d'amour, mais de là à imaginer qu'elle ait pu exercer comme *call-girl*[1]... » poursuit, dubitatif, Robert Hary, qui dit attendre « des réponses » de la justice suisse.« La dernière fois que je l'ai vue, Cécile paraissait si heureuse, sereine, insouciante. Jamais je n'aurais pu croire que ma cousine soit à l'origine d'un tel drame », lâche Robert Hary. Âgé de quarante et un ans, l'homme a passé son enfance à Flavigny dans les environs de Nancy. Avec Robert, Cécile Brossard a partagé ses jeux, ses vacances. « Mais depuis trois ans Cécile ne revenait plus dans sa terre natale », explique Robert Hary, gérant d'une jardinerie à Champenoux.

Grand, mince, les yeux clairs, il poursuit : « Cécile a téléphoné à mes parents lors de son escale à Singapour, quand elle rentrait d'Australie. Elle voulait que l'on vienne la chercher à l'aéroport de Zurich. Mes parents étaient ses confidents, beaucoup plus que son propre père, Michel Brossard. Cécile avait très mal vécu le divorce de ses parents. D'après ce que m'ont dit mes parents, à son arrivée à Zurich, elle paraissait très

1. *L'Est Républicain*, 16 avril 2005.

angoissée, fatiguée par le décalage horaire. Elle a demandé à ce qu'on la ramène au plus vite chez elle à Clarens, en Suisse. Elle ne se sentait pas bien. »

À son arrivée à Clarens, Cécile Brossard remercie son oncle et sa tante, qui reprennent directement la route de Nancy. Dans l'affolement, Cécile laisse la montre d'Édouard Stern – un oubli volontaire ou un acte manqué ? – dans la voiture du couple. Cécile Brossard et Édouard Stern avaient échangé leurs montres, comme des adolescents, en signe d'amour [1]. Cette montre était comme une alliance. Le dernier lien avec Édouard Stern. La dernière trace de cet amour déchu puis fatal.

Cécile Brossard retrouve Xavier Gillet. Elle lit les journaux et prend connaissance des articles publiés sur la mort d'Édouard Stern. À cette époque, la presse privilégie encore la thèse « du contrat » à la mise en scène SM. Tout n'est pas perdu pour Cécile Brossard. Elle peut encore croire à ses chances de passer entre les mailles du filet.

Le jour de son retour à Clarens, en fin d'après-midi, Cécile va pourtant passer un appel qui la ramène à son destin. Elle compose le numéro du téléphone portable d'Édouard Stern ou, plutôt, celui de sa messagerie vocale. Pour entendre sa voix une dernière fois ?

Le samedi 5 mars 2005 en début d'après-midi, juste avant de se rendre à la police genevoise, Cécile Brossard téléphone à Me Bruno de Preux, son avocat. Elle passe un coup de fil à Paris. La jeune femme veut joindre quelqu'un de chez IDI, un groupe d'investissements présidé par Christian Langlois-Meurinne, le frère d'Aimery Langlois-Meurinne, un proche d'Édouard Stern et de Cécile Brossard. La jeune femme a également une conversation avec Jérôme Mangin.

1. *L'Express*, 9 mai 2005.

L'interrogatoire

Cécile Brossard pénètre, en compagnie de Xavier Gillet, dans les locaux de la brigade criminelle de l'Hôtel de police. Elle le présente aux enquêteurs comme son « compagnon ». Sur les bureaux des policiers, les quotidiens de la place. Tous titrent sur les mystères entourant la mort d'Édouard Stern. Les journalistes confirment que le financier a été tué par balles. Le journal *Le Monde* affirme que le banquier se sentait menacé. Et qu'il avait fait part à ses proches de ces craintes.

Cécile Brossard est interrogée par les enquêteurs en tant qu'auteur présumé de l'assassinat d'Édouard Stern et non pas en tant que simple témoin. Une différence de taille. Car, si elle avait été entendue en tant que simple témoin alors qu'elle est LA suspecte numéro un dans ce dossier, ses avocats auraient pu, par la suite, demander que ces déclarations soient retirées du dossier, sous prétexte de comportement déloyal des enquêteurs... Naturellement, les policiers expliquent à Cécile Brossard que d'autres personnes ont été entendues dans ce dossier au même titre d'auteurs présumés des faits.

Cécile Brossard ne bronche pas.

Dans cette première déclaration aux policiers, Cécile Brossard nie avoir eu une relation sexuelle en cette soirée du 28 février. Étant effectivement l'une des dernières personnes à avoir vu Édouard Stern vivant, elle ne s'étonne pas qu'on puisse la soupçonner. « Je l'adorais ! C'était l'homme de ma vie. Comment aurais-je pu lui faire du mal ? » demande-t-elle, la voix nouée par l'émotion. L'amante est convaincante dans le rôle de la veuve éplorée. C'est une comédienne hors pair. Malgré sa prestation, au bout de neuf heures d'audition, les policiers doutent de sa sincérité. En fait, ils sont intimement convaincus qu'Édouard Stern a bel et bien été tué par sa maîtresse. « Comme souvent dans les affaires de crimes à résoudre, il faut s'attacher au cul et aux écus », confie quelques mois plus tard le chef de la police judiciaire genevoise, Mario Chevalier[1]. À ce moment précis, dans les locaux de la brigade criminelle, il s'agit de savoir s'il faut ou non arrêter Cécile Brossard pour le meurtre de son amant. Le juge Graber estime que les preuves sont insuffisantes. Pour le moment.

Tandis que la brigade criminelle continue son interrogatoire dans un petit local dont la seule et unique fenêtre est entièrement grillagée, d'autres policiers procèdent à l'audition de Xavier Gillet. D'autres enfin s'occupent du téléphone de Cécile Brossard, appareil qu'elle a dû laisser à son entrée dans la salle d'interrogatoire. En clair, la police démonte l'appareil de la jeune femme afin de le piéger. Pendant ce temps, des techniciens équipent la voiture de Cécile Brossard d'un émetteur GPS permettant aux enquêteurs de savoir où le véhicule se trouve vingt-quatre heures sur vingt-quatre. Pas besoin d'engager des filatures, un ordinateur permet de suivre la suspecte à distance.

Comme dans les films, la voiture est également truffée de micros. On ne lésine pas sur les moyens pour confondre Cécile Brossard. Un tel déploiement de technologies de pointe est réservé habituellement aux trafiquants de drogue ou aux mafieux.

Ces mises sur écoute ont naturellement été avalisées par la justice, à la demande du juge d'instruction Michel-Alexandre Graber. La Chambre d'accusation a donné son accord. À relever que toutes ces mesures, tous ces équipements n'ont pas permis d'établir grand-chose dans ce dossier. Les policiers pensent que Cécile Brossard se méfie. Ils ont raison. La suspecte n'est pas stupide : elle sait que sa voiture et son téléphone ont probablement été piégés. Elle sait que sa ligne téléphonique, tout comme celle de ses proches et de ses avocats, a pu être mise sur écoute.

1. *La Tribune de Genève*, 17 avril 2006.

Après neuf heures d'interrogatoire, Cécile Brossard signe sa déclaration aux environs de 20 heures. Elle récupère son téléphone, son sac et ses clefs. Elle repart libre de l'Hôtel de police du boulevard Carl-Vogt. Elle est toutefois priée de rester à disposition de la justice. Cécile Brossard pense qu'elle n'a pas le droit de quitter le territoire suisse. Le fait qu'elle reste en Suisse arrange en tout cas le juge Graber. Car Cécile Brossard est de nationalité française. Si elle avait été arrêtée en France, la justice suisse aurait dû se dessaisir du dossier. Impossible en effet d'extrader une ressortissante française sur territoire français vers la Suisse. Xavier Gillet, lui aussi, a été entendu. Mais il n'est pas prié de rester à disposition de la justice. C'est tout naturellement lui que Cécile Brossard charge d'aller récupérer quelques affaires dans la maison de Nanteuil-le-Haudouin le soir même de son arrestation, le 15 mars 2005.

Dimanche 6 mars 2005. Cécile, qui a avalé un somnifère la veille, dort jusque vers midi. Toute la journée, elle passe des coups de fil. Elle appelle ses confidents, ceux qui la soutiennent, Xavier, bien sûr, mais aussi Jérôme Mangin, jusque tard dans la nuit. La presse dominicale suisse et française revient naturellement sur le meurtre du banquier. « Notre seul souci, c'est de retrouver l'assassin. La famille ne fera aucune déclaration, cela pourrait gêner l'enquête en cours », lâche un proche de la famille Stern.

Lundi 7 mars 2005. Cécile Brossard a repris les choses en main. Elle joint son avocat lausannois Me Pierre-Olivier Wellauer, le notaire de Nanteuil-le-Haudouin Me Jean-Louis Hainsselin. Elle appelle aussi à Paris, toujours le groupe IDI. Il s'agit donc de mettre ses affaires en ordre. À commencer par sa maison de Nanteuil-le-Haudouin ; le seul bien que Cécile Brossard possède, c'est cette bâtisse qu'elle a aménagée au cours de toutes ces années.

Pour Cécile Brossard, les jours sont comptés. La police la surveille étroitement. Son téléphone est écouté vingt-quatre heures sur vingt-quatre. Tous les lieux où elle se rend ou doit se rendre sont étroitement surveillés. Tous les faits et gestes de la jeune femme sont épiés. Cécile doit aller du côté de Gstaad, la Mecque hivernale de la *jet-society*, dans le canton de Berne, voir une amie. La police genevoise, en l'occurrence les hommes du groupe d'intervention habitués aux missions d'observation, font le pied de grue dans la nuit et dans le froid. En vain. Au dernier moment, Cécile Brossard annule son déplacement.

Récupérer le million

Cécile Brossard multiplie les démarches pour mettre de l'ordre dans ses affaires. Elle est en contact régulier avec Me Bruno de Preux. « Cécile expliquait qu'on la soupçonnait alors qu'elle était bien entendu innocente », raconte l'un de ses amis. Me Bruno de Preux croit sa cliente.

Genève est un village. Ironie de l'histoire, quelques jours avant son arrestation Cécile Brossard dîne en compagnie de l'un de ses avocats au restaurant Le Steak House, dans le quartier des avocats. Ce soir-là, elle se trouve à une table voisine de celle de la conseillère d'État responsable du département de justice, police et sécurité de Genève [1], Micheline Spoerri.

Cécile Brossard, toute vêtue de rose, semble plutôt décontractée. L'homme de loi fait les présentations et les deux femmes se serrent la main. Inutile de dire la surprise de Micheline Spoerri lorsqu'elle découvre la photo de la jeune femme quelques jours plus tard dans les journaux.

Le lundi 7 mars 2005, à la première heure, Cécile Brossard appelle son avocat lausannois, Me Pierre-Olivier Wellauer. Elle

1. Chacun des vingt-trois États (cantons) souverains de la Confédération helvétique possède sa propre justice et sa propre police mais partage le même code pénal.

veut, encore et toujours, récupérer son million de dollars. Le même jour, à Paris, a lieu à la synagogue de Chasseloup-Laubat une cérémonie à la mémoire d'Édouard Stern. Mais Cécile Brossard poursuit son combat. Reprendre ce qui lui appartient. Elle devine que ses jours en liberté sont comptés. Elle sent l'étau se resserrer. Elle change son lieu de domicile. Jusqu'ici, et ce depuis 1993, Cécile Brossard était officiellement établie au numéro 110 de l'avenue de Bellevue, à Conflans-Sainte-Honorine.

Le 11 mars 2005, la Française appelle à trois reprises le notaire de Nanteuil-le-Haudouin, Jean-Louis Hainsselin pour vendre sa maison en viager à Xavier Gillet. Le 11 mars, toujours, Cécile Brossard, via Me Pierre-Olivier Wellauer, fait savoir aux héritiers d'Édouard Stern qu'il serait préférable de trouver un accord sur le million de dollars. Comme aime à le rappeler Me Marc Bonnant, chacune des actions et démarches entreprises par Cécile Brossard après la mort de son amant tourne autour de l'argent. Depuis qu'elle est rentrée d'Australie, Cécile n'a qu'une seule et unique préoccupation : récupérer le million de dollars.

Dernier adieu à Édouard Stern

Le 10 mars 2005, Édouard Stern est enterré au cimetière juif de Veyrier comme il en avait émis le vœu. La cérémonie se déroule dans la plus stricte intimité en présence de l'ex-femme du banquier, Béatrice, ainsi que de ses trois enfants. Cécile souhaite y assister. Quoi de plus normal pour celle qui était pour ainsi dire la compagne officielle de la victime ? Béatrice, l'ex-femme d'Édouard Stern, était au courant.

Cécile Brossard réfléchit à la tenue qu'elle doit porter pour la cérémonie. Elle veut venir pleurer sur la tombe de son amant. Finalement, elle ne se rend pas aux obsèques. « Elle n'a pas eu ce toupet », lâche un proche de la famille Stern.

Il est un peu plus de midi, en ce 10 mars 2005, lorsqu'une voix s'élève dans l'oratoire attenant au cimetière juif de Veyrier, petite commune au pied de la montagne du Salève. Une soixantaine de familiers assistent aux obsèques religieuses d'Édouard Stern. L'oraison funèbre est prononcée par le rabbin Izhak Dayan. On évoque la mémoire du disparu : « un homme au caractère ombrageux, frénétique et anticonventionnel ».

La cérémonie, très sobre comme tous les enterrements juifs, se déroule dans un climat étrange. Alors que les banlieues françaises s'embrasent, après la manifestation lycéenne du 8 mars 2005 contre la réforme de l'école, *La Tribune de Genève* titre : « Nicolas Sarkozy était un ami d'Édouard Stern ». Il n'a pourtant pas pu se déplacer à Genève pour assister à l'ensevelissement du banquier.

Dernières paroles, derniers mots, dernier adieu avant la mise en terre. Le cortège funèbre accompagne le corps d'Édouard Stern jusqu'à son ultime demeure. La religion hébraïque veut que les disparus soient enterrés le plus rapidement possible (parfois le jour même) après le décès. Pour Édouard Stern, dont le corps a été autopsié par l'Institut de médecine légale, cela n'a pas été possible. Le cimetière juif de Veyrier, où repose Albert Cohen, est posé à flanc de montagne. Au loin, retentit le clocher de l'église du village, tandis que des étourneaux font la ronde dans le ciel. Les têtes sont baissées. Les yeux, rougis. Juste à l'entrée du cimetière, à droite, se trouve le caveau en marbre noir d'Edmond Safra, autre financier établi à Genève, une connaissance d'Édouard Stern, décédé dans d'étranges circonstances dans son appartement de Monaco. Le cortège traverse la longue allée centrale dans le recueillement et la douleur. Édouard Stern va reposer dans le dernier carré, le plus récent, légèrement excentré. Un dernier hommage avant la mise en terre. Suivant la tradition juive orthodoxe, le cercueil n'est pas hermétiquement scellé. Adam, le premier homme, fut créé à partir de la poussière de la terre. Il est condamné à y retourner depuis son expulsion du Jardin d'Éden pour cause de fruit défendu consommé. Les chrétiens, eux aussi, ont adopté le *pulvis es*[1] des juifs.

À Veyrier, pas de caveau de famille pour les *poussières d'humains* mais une tombe toute simple en marbre noir, avec cette seule et unique inscription : « Édouard Stern, 18 octobre 1954 – 1er mars 2005 ». Édouard Stern est mort le 28 février 2005. La date du 1er mars est celle enregistrée sur le certificat de décès.

Une tombe presque anonyme plus d'un an après le drame. Rien d'ostentatoire qui ne laisse deviner sa puissance et sa richesse au temps de sa gloire terrestre, pas davantage que les circonstances dramatiques de sa mort. Derrière la plaque de marbre, un petit bougeoir que font brûler ses proches. Un an et demi après sa mort, la tombe d'Édouard Stern reçoit toujours des témoignages d'affection de ceux qui l'ont aimé. Ils déposent un caillou sur la pierre tombale pour laisser une marque de leurs passages et de leurs pensées pour le disparu.

Trois jours plus tôt, une cérémonie a donc eu lieu à la synagogue de Chasseloup-Laubat dans le XVe arrondissement de Paris. Toute la famille Stern est réunie. Son ex-femme et ses trois enfants, ses oncles et ses cousins, et son ex-beau-père Michel David-Weill. Sont également présents Charles-Henri Filippi, président de HSBC France, Lindsay Owen-Jones, parrain de l'un des trois enfants et président de L'Oréal, l'ancien ministre des Affaires étrangères Hubert Védrine et Charles Heilbronn, un ami de la famille. Des associés aussi. Jeffrey Keil, Michel Garbolino...

Un dernier hommage est rendu au défunt. Après la cérémonie, les proches se retrouvent au domicile d'Henri Weber et de sa compagne Fabienne Servan-Schreiber dans le Marais. Nicolas et Cécilia Sarkozy, qui n'ont pas pu se rendre à la

1. *Memento quia pulvis es et in pulverem reverteris* : « Souviens-toi que, parce que tu es poussière, tu retourneras à la poussière », Genèse 3-19.

synagogue, les rejoignent. Ils sont venus témoigner de leur amitié à la famille d'Édouard Stern. Le président de l'UMP a promis à la famille de la tenir informée du déroulement de l'enquête menée en Suisse. « Contrairement à d'autres, Nicolas Sarkozy fait partie de ces rares hommes politiques qui assument leurs amitiés, surtout en pareilles circonstances. Nicolas Sarkozy s'est mis entièrement à la disposition de Béatrice, pour l'aider à surmonter les obstacles et à faciliter les douloureuses formalités, relève Airy Routier dans *Le Fils du serpent.* Rien à voir avec les chers disparus, c'est-à-dire les prétendus amis de Stern qui se sont inscrits aux abonnés absents aussitôt après son assassinat. »

On prie pour l'âme du défunt. À Paris, ses proches sont surpris d'apprendre qu'Édouard Stern a demandé à être enterré selon le rite juif orthodoxe. De religion catholique, il affichait un intérêt intellectuel marqué pour le judaïsme. Surtout ces dernières années. « À la mort de son père, se souvient Maurice Lévy, patron de Publicis, il avait commencé à se passionner pour les grands textes de l'histoire hébraïque. » Lors de ses funérailles, ses proches ont rappelé que dès son arrivée à Genève l'un des premiers soucis d'Édouard Stern avait été de faire poser un peu partout dans sa nouvelle installation des *mezouzot*, censés manifester la protection de Dieu sur un logis et repousser la mort de ceux qui y vivent.

Les aveux

La nouvelle tombe sur les agences de presse le mercredi 16 mars 2005 en début d'après-midi. La Radio suisse romande a diffusé l'information en primeur tôt le matin. Une indiscrétion. Les journalistes de la radio travaillent en effet sur l'arrestation du Français Marc Roger, président du FC Servette, club de foot genevois en faillite. L'homme à l'accent chantant, celui qui devait sauver le club de football de Genève, est inculpé de banqueroute frauduleuse, de gestion déloyale et d'abus de confiance. Marc Roger fait l'objet d'une plainte de vingt-cinq joueurs. Il est arrêté le mardi 15 mars en début d'après-midi à l'Office des poursuites et faillites, quelques heures après la meurtrière d'Édouard Stern. Incarcéré pendant plusieurs mois à la prison genevoise de Champ-Dollon, Marc Roger sera remis en liberté provisoire sous caution. Reparti en France avec armes et bagages, il ne s'est plus jamais présenté aux convocations du juge genevois, invoquant des problèmes de santé pour justifier ses non-comparutions. Jusqu'au jour où, agacée, la justice genevoise a décerné contre lui un mandat d'arrêt international...

À 11 heures du matin en ce mercredi 16 mars 2005, un flash de la Radio suisse romande annonce l'arrestation de Cécile Brossard. Le juge Graber, en train de mener sa perquisition dans le canton de Vaud, au domicile de la suspecte, est furieux. Il ne supporte pas cette énième fuite dans les médias. D'un geste décidé, il prend son téléphone portable et compose le numéro du directeur de la radio, à Lausanne, dans le canton de Vaud. Son but : différer l'information, autant que faire se peut, le temps qu'il rédige un communiqué de presse. Le magistrat redoute que la presse ne découvre l'identité de la suspecte. Il craint l'arrivée en meute des journalistes à l'appartement de Clarens et à son bureau, au palais de justice de Genève. Il n'a pas envie de se faire harceler de coups de fil l'empêchant de mener à bien son travail. Son enquête. Évidemment, la rédaction de la Radio suisse romande ne se plie pas à la demande de Michel-Alexandre Graber. D'autant que d'autres sources ont déjà confirmé l'arrestation de la suspecte du meurtre du banquier Stern.

Le communiqué du magistrat tombe à 14 heures. Un texte laconique, à l'en-tête de la police genevoise, mais où chaque mot a été pensé et pesé. Le juge Michel-Alexandre Graber y indique que « l'auteur du meurtre de monsieur Édouard Stern, trouvé tué par balles le 1er mars 2005 à son domicile de Genève, a été identifié. Il s'agit d'une femme de nationalité française avec laquelle il entretenait des relations intimes et suivies depuis plusieurs années. »

Pour faire taire les rumeurs, sans doute aussi pour protéger la famille de la victime, le juge Graber écrit : « Il est exact que monsieur Stern, revêtu d'une combinaison en latex, a été abattu de quatre balles d'arme de poing, dont deux dans la tête, dans le cadre d'une relation sexuelle qui relève de sa sphère privée. » On ne parle plus de complot. Ni de mafia russe. La justice genevoise indique que « les éléments actuels de l'enquête, tant d'investigation traditionnelle que de police technique et scientifique, laissent très fortement penser que la personne a agi seule. [...] Cécile Brossard disposait de la seule clef manquante de l'appartement d'Édouard Stern, clef qui jusqu'à ce jour n'a pas été retrouvée. »

Le magistrat tient à relever que « suite à l'énorme travail de la police judiciaire de Genève et notamment de la brigade criminelle [...] cette affaire, qui comportait initialement de nombreuses pistes qu'il convenait d'explorer une à une avant de finalement intervenir, est arrivée à son dénouement. »

Le communiqué de presse laisse fortement penser à un crime passionnel. Néanmoins, si on lit entre les lignes, on comprend que les autres pistes restent d'actualité. Certes, Cécile Brossard semble avoir agi seule. Mais « le mobile de ce crime peut être de nature financière, la personne interpellée étant depuis peu en procès avec monsieur Stern pour de telles questions. »

Fin du communiqué mais pas fin de l'affaire. « La femme de nationalité française », comme on présente celle qui s'appelle Cécile Brossard, a certes avoué les faits. Mais le magistrat reconnaît l'existence de zones d'ombre.

Clarens, 7 h 30 du matin

Le mardi 15 mars 2005 à 7 h 30 du matin, les policiers se présentent au domicile de Cécile Brossard à Clarens, au numéro 4 de la rue du Lac, dans ce superbe appartement avec vue sur le Léman. La jeune femme a peu dormi.

Sait-elle qu'elle est sur le point d'être arrêtée ? Sans doute le pressent-elle. Elle a passé de nombreux coups de fil et laissé de nombreux messages au cours de la nuit.

Vers 4 heures du matin, Cécile Brossard téléphone à Londres. La conversation dure plus de vingt minutes.

À 7 h 30, à une cinquantaine de kilomètres de Clarens, d'autres policiers sonnent à la porte du cabinet de naturothérapie de Xavier Gillet, à Aigle, et au domicile de l'ex-épouse de ce dernier, le chalet de Youcamou à Grund-bei-Gstaad, dans le canton de Berne. Cette propriété devant laquelle les forces spéciales de la police genevoise ont planqué quelques jours auparavant.

Encore en pyjama, Cécile Brossard feint la surprise lorsqu'elle ouvre la porte aux policiers et au juge d'instruction Graber. À 8 h 05, le juge lui notifie un mandat d'amener pour assassinat. Le soleil se lève à peine sur le lac Léman. Dans le grand appartement de Clarens, l'atmosphère est tendue mais l'ambiance reste courtoise. Les policiers laissent à Cécile Brossard le temps de se préparer, d'emballer quelques affaires et de prendre une douche.

À aucun moment Cécile Brossard ne doit rester seule. Toujours accompagnée d'une inspectrice. Il ne faut pas qu'elle puisse informer un tiers ou qu'elle tente de dissimuler des documents. Mais le plus important, c'est que la jeune femme ne tente pas d'attenter à sa vie.

Le juge Graber, qui a ordonné les trois perquisitions simultanées dans les cantons de Vaud, du Valais et de Berne, dans le cadre de l'entraide intercantonale helvétique, accompagne Cécile Brossard dans les locaux de la police judiciaire vaudoise.

Là, la jeune femme se voit signifier son transfert vers Genève. Une simple formalité exigée par le fédéralisme helvétique et par la souveraineté des vingt-trois États qui composent la Confédération.

Cécile Brossard est emmenée dans une voiture banalisée de la police judiciaire genevoise. Direction Genève et l'Hôtel de police du boulevard Carl-Vogt. Cécile Brossard est entendue pendant de nombreuses heures, soumise à la pression d'un interrogatoire serré.

Elle maintient sa version des faits, celle qu'elle a déjà livrée le 5 mars au cours de son premier interrogatoire à la brigade criminelle. La maîtresse du financier reconnaît avoir passé une partie de la soirée du lundi 28 février avec son amant. Mais, assure-t-elle, Édouard était bel et bien vivant lorsqu'elle l'a quitté.

Ce que Cécile Brossard ignore évidemment à ce moment-là, c'est que les policiers ont épluché son emploi du temps minute par minute, après son départ du 17, rue Adrien-Lachenal le 28 février à 21 h 15. Ils sont au courant de son départ subit et inexpliqué pour l'Australie. Un voyage éclair qui a bien entendu éveillé leurs soupçons. Les relevés d'appels téléphoniques et les écoutes ont également fourni de précieux renseignements aux enquêteurs. Ses empreintes digitales retrouvées sur la combinaison en latex de la victime. Le fait enfin qu'elle possédait l'une des sept clefs de l'appartement et qu'aucune effraction n'a été constatée.

L'attitude de Cécile Brossard ne colle ni avec son emploi du temps ni avec le contexte. Cécile Brossard joue la maîtresse éplorée alors que, les policiers de la brigade criminelle le savent, elle était opposée à Édouard Stern dans le cadre d'un procès civil dans l'affaire du million de dollars.

La jeune femme blonde est prise au piège de ses mensonges et de ses contradictions. La nasse se resserre. Comme le gibier qu'elle a si souvent traqué avec Édouard Stern, Cécile Brossard se retrouve cernée. Placée devant les évidences, elle va craquer après de longues heures d'audition jusqu'à devoir tomber le masque.

Les inspecteurs de la brigade criminelle l'interrogent inlassablement pour la pousser dans ses propres contradictions. Cécile Brossard l'ignore, mais dans une salle d'interrogatoire voisine Xavier Gillet est en train de craquer. Sans le savoir, sans le vouloir, celui qui la protège depuis des années va fournir LE détail qui fait basculer le scénario bien rodé.

Aux policiers, Xavier Gillet explique comment, en cette soirée du 28 février dernier, Cécile Brossard est revenue chez lui, à Clarens. Oui, reconnaît-il, Cécile lui a bien dit qu'elle revenait de l'appartement d'Édouard Stern à Genève. Oui, Édouard Stern était mort. Mais, à en croire la jeune femme, c'est elle qui a découvert le cadavre de son amant dans la chambre à coucher de l'appartement. Paniquée, Cécile Brossard est repartie et a rejoint Xavier Gillet environ une heure plus tard.

Aux enquêteurs, Xavier Gillet assure que Stern a été tué par balles. C'est en tout cas ce que Cécile lui a dit. Cette toute petite phrase, lancée au détour d'un long interrogatoire, va la confondre. Ce que Xavier Gillet ne peut pas savoir, c'est que la version de Cécile Brossard est totalement incompatible avec les faits. Cécile ne pouvait pas savoir qu'Édouard Stern avait été tué par balles. Pourquoi ? Parce qu'au travers de la combinaison en latex les traces de balles étaient tout simplement invisibles. Le latex enveloppant le corps s'était instantanément refermé après la pénétration des balles. Ce sont les médecins de l'Institut universitaire de médecine légale de Genève qui en ont fait le constat, une fois seulement après avoir retiré la combinaison...

Ce détail trahit Cécile Brossard. Elle passe aux aveux. Le 15 mars 2005 à 23 heures, Cécile Brossard pénètre dans le bureau du juge d'instruction Graber, cet homme qui, désormais, va l'auditionner toutes les semaines. Elle signe le procès-verbal que lui tend le juge Graber. Il est 1 heure du matin. Elle est inculpée d'assassinat. Le nom de l'inculpée de l'assassinat d'Édouard Stern sera tenu secret pendant quelques heures seulement.

La belle compagne du financier a perdu de sa superbe. Encadrée par les policiers, elle est emmenée en fourgon cellulaire dans le quartier des femmes de la prison de Champ-Dollon, un établissement de détention préventive situé à Thônex dans la campagne genevoise. Une prison qui a accueilli nombre de personnalités comme Licio Gelli. Le grand maître de la Loge P2, alias « le marionnettiste », avait d'ailleurs fait la une de la presse en réussissant à s'en évader en 1982, avec la complicité d'un gardien, dans des circonstances rocambolesques. La prison de Champ-Dollon a également « reçu » de célèbres prisonniers comme le Russe Sergueï Mikhaïlov, soupçonné d'appartenance à une organisation criminelle, acquitté par la cour correctionnelle de Genève après avoir purgé huit cents jours de préventive.

Cécile Brossard est placée, seule, dans la cellule numéro 356, cellule sans barreaux mais au vitrage blindé, comme toutes les cellules de la prison. Un confort certes rudimentaire mais beaucoup plus agréable que les geôles moyenâgeuses des prisons françaises. À ses côtés, des trafiquantes de drogue, des mules originaires d'Amérique du Sud, quelques femmes qui ont volé pour pouvoir se fournir en drogue.

À Champ-Dollon, seule une femme est à même, peut-être, de comprendre ce qui a pu pousser Cécile Brossard à tuer son amant. Une femme qui est accusée d'avoir assassiné son mari dans leur luxueuse villa de Cologny. Le crime a été commis à la mi-décembre 2003. La victime, un homme d'affaires russe de cinquante-deux ans, membre du barreau de Moscou et de la cour d'arbitrage de la Chambre de commerce internationale de Paris, entretenait depuis deux ans une relation extraconjugale à Moscou. Un enfant était d'ailleurs né de cette union. Ce fameux soir de décembre 2003, la femme a versé des somnifères dans le verre d'eau de son mari. Elle lui a ligoté les pieds. Une fois revenu à lui, la conversation a dégénéré. L'épouse a frappé son époux d'une cinquantaine de coups de couteau avant de se retrouver, en état de choc, errant dans la maison. Elle a été inculpée d'assassinat, subsidiairement de meurtre, par le même juge d'instruction qui vient d'inculper Cécile Brossard, Michel-Alexandre Graber.

Comme n'importe quelle détenue arrivant à la prison, Cécile Brossard dépose ses affaires personnelles au greffe. Celles-ci sont enregistrées au nom de la prisonnière, qui doit signer un bordereau d'entrée. Emmenée par des agentes de détention, la détenue Brossard longe les couloirs de la prison. Elle est conduite au troisième étage nord, l'unité des femmes. Après une douche réglementaire sous l'œil de la surveillante, Cécile Brossard reçoit son paquetage : une couverture, une brosse à dents, une fourchette, une cuillère et un couteau, un rasoir, un stylo, sans oublier le règlement de la prison traduit en plusieurs langues. La prison de Champ-Dollon peut se targuer d'avoir, parmi ses détenus, une cinquantaine de nationalités.

On est bien loin du luxe du Spa du Montreux Palace et de l'Hôtel Carlyle à New York, un hôtel où se rendait souvent Édouard Stern. On est à des années-lumière de l'appartement d'Édouard Stern dont la décoration a coûté plusieurs millions.

En parcourant ces couloirs interminables, Cécile Brossard sait qu'elle risque la perpétuité. Les bruits assourdissants de ces portes que l'on ouvre et referme, le cliquetis incessant des trousseaux de clefs qu'agitent les matons, les cris des détenus, si habituels dans une prison, ne peuvent faire oublier à la jeune femme qu'elle a commis un crime. Qu'elle a tué son amant. Cécile Brossard vient d'être inculpée, par le juge Graber, d'assassinat, la pire des inculpations prévue par le code pénal suisse. Pour elle, une autre histoire démarre. Son crime sanglant l'a sortie à tout jamais de l'anonymat. Elle entre de plain-pied dans l'histoire de la criminalité du XXIe siècle. Cécile Brossard, qui rêvait d'acquérir la célébrité au travers de ses sculptures, va connaître les « honneurs » de la rubrique des faits divers.

Après cette première nuit en détention, Cécile Brossard entame sa nouvelle vie. Loin des siens. Loin de celui qu'elle a aimé et tué. Désormais, le quotidien de la prisonnière est rythmé par les repas, les promenades, les visites hebdomadaires chez le juge d'instruction, les parloirs avec ses deux avocats, Mes Bruno de Preux et Pascal Maurer, et, ce qui la fait tenir, les visites de son oncle et de sa tante de Nancy, Jean et Andrée Hary.

Cécile Brossard va devoir refaire l'histoire. Son histoire. Son enfance. Le divorce de ses parents, Michel et Marianne Brossard. Ses liaisons avec des hommes qui se terminent toujours par une rupture. Sa rencontre avec Xavier Gillet en 1996. Leur mariage à Las Vegas en 1998. Et, enfin, sa rencontre avec Édouard Stern, en 2001, à la faveur d'un dîner parisien.

Un passé somme toute d'une extrême banalité s'il ne s'était achevé dans le sang au cours de cette horrible soirée du 28 février 2005.

Dès le surlendemain, dans les journaux, les éditorialistes spéculent sur la personnalité de cette femme qui aurait, telle une mante religieuse, tué son amant à la fin des ébats. Une agence de presse commet une énorme bourde en livrant le nom de l'une des associées d'Édouard Stern au sein d'IRR. L'agence devra rectifier quelques heures plus tard et payer des dommages et intérêts.

La pression est telle que certains dérapent.

« Ne faites pas de ma cliente une star ou une vedette. Elle a tué celui qu'elle aimait. Elle n'a rien de plus à vous dire », répond Me Pascal Maurer aux journalistes qui tentent de percer le mystère de sa désormais célèbre cliente.

C'est le commencement d'une guerre de tranchées entre avocats. D'un côté, les tenants du meurtre passionnel, les défenseurs de Cécile Brossard, et de l'autre, ceux qui soutiennent la version de l'assassinat, le conseil de la famille d'Édouard Stern.

Tout l'enjeu de l'instruction et du procès à venir se trouve là. Meurtre passionnel ou assassinat ? C'est-à-dire, en droit suisse, une peine pouvant aller du simple au double.

7

Les ombres

Le réseau Margaret

Le sujet est sensible. « Cécile Brossard n'a jamais fait partie du réseau Margaret ni d'aucun autre réseau », s'agacent ses avocats, Mes Bruno de Preux et Pascal Maurer. Visiblement, la seule évocation du nom de Margaret Mac Donald sème la panique. La « Madame Claude de la *jet-set* », du monde des affaires et de la politique est tombée dans les filets des policiers de l'antigang en 2002. Avec la maquerelle de luxe britannique âgée de quarante-trois ans : un fichier des cinq cents filles.

Cultivée, Margaret Mac Donald parle couramment six langues, dont le grec, l'allemand et l'italien. La quadragénaire se débrouille aussi en japonais et en arabe. Diplômée d'une grande école londonienne et de l'École supérieure de commerce de Reims, elle a suivi des cours à la Sorbonne. Madame Mac Donald publie des annonces « alléchantes » dans le très sélect *International Herald Tribune*. Elle place ses filles dans toutes les grandes villes du monde : Milan, Londres, Zurich, New York, Genève. Elle essaime jusqu'en Afrique du Sud et en Israël. À 1 000 euros l'heure, les prestations de cette espèce sont réservées à l'élite.

Les filles sont des occasionnelles, des femmes mariées qui veulent pimenter leur quotidien et joindre l'utile à l'agréable. L'affaire en rappelle une autre. Le démantèlement, quatre ans auparavant, en 1998, d'un réseau de cent cinquante filles « managées » par Annika Brumark, un ex-top model suédois. À l'époque, les investigations du juge N'Guyen font beaucoup de bruit. Parmi les clients du réseau, des hommes d'affaires, des vendeurs d'armes, des hommes politiques, des sportifs et des acteurs, dont Robert de Niro.

Cécile Brossard a-t-elle croisé un jour les filles employées par Margaret Mac Donald dans les grands hôtels parisiens, comme Le Scribe, qu'elle a aussi fréquentés ? Dans les heures qui suivent son arrestation, trois sources « sensibles », comme on dit dans le jargon journalistique, affirment que Cécile Brossard est « une professionnelle » et que son nom ressort sur certains fichiers. Lesquels ? Celui du réseau Margaret...

À peine évoquée, cette piste suscite une réaction quasi instantanée, tant à Genève qu'à Paris. Les avocats de Cécile Brossard et ses amis crient au mensonge et à la calomnie.

Personne n'élève la voix, en revanche, pour défendre la mémoire d'Édouard Stern présenté sans précaution aucune comme un pervers et un malade. Qui est la victime ? Est-ce parce que Édouard Stern est riche et puissant ? Toujours est-il qu'il n'a pas droit aux mêmes égards que Cécile Brossard.

À Genève, « l'inculpée n'est pas fichée comme faisant partie du monde de la nuit », assure le juge Graber dans un communiqué de presse. Le galeriste Bob Benamou est furieux : « C'est dégueulasse d'écrire cela. Cécile est une artiste, pas une prostituée. » Cécile Brossard n'est certes pas fichée à la mondaine. Était-il vraiment nécessaire de provoquer un tel tollé alors même qu'il n'a jamais été véritablement question de prostituées ? On parle de *call-girls* et d'*escort-girls*. La nuance a son importance. Les tarifs, les prestations et les clients ne sont pas les mêmes... « Le sexe n'est qu'une partie du travail. Et bien souvent ce n'est pas la partie centrale. C'est un véritable service d'escorte. On doit être attentive au client, le valoriser, lui renvoyer une bonne image de lui. C'est pourquoi, on a besoin de filles intelligentes, capables d'empathie, de conversation et pleines d'esprit », explique la responsable d'une agence de *call-girls* installée à Genève. Les filles qui officient dans les grands hôtels dépendent rarement de la brigade des mœurs mais plutôt des services secrets !

De tout temps, bien avant Mata Hari, on a fait appel à ces filles pour soutirer des informations à des diplomates, des politiques ou des industriels. Leurs motivations sont multiples. Certaines cherchent l'aventure, l'argent facile ou parfois le mari idéal, riche et haut placé. Peut-on imaginer que Christine Deviers-Joncour, la maîtresse de Roland Dumas autoproclamée « Putain de la République », ait été un jour fichée comme prostituée ? Alors pourquoi arguer du fait que le nom de Cécile Brossard ne figure pas au registre des prostituées dûment répertoriées par la mondaine ?

L'avocat de Margaret Mac Donald, Me Emmanuel Marsigny, qui fut aussi l'avocat de Patrick Stefanini, directeur de cabinet d'Alain Juppé, dans le dossier des emplois fictifs du RPR, assure que le nom de Cécile Brossard n'a jamais figuré sur la liste des quatre cent cinquante-deux filles répertoriées par Margaret Mac Donald. Un autre avocat parisien, qui a également suivi le dossier Margaret, certifie lui aussi qu'il n'a jamais vu apparaître le nom de Cécile Brossard. Alors pourquoi trois sources « sensibles » et, précisons-le aujourd'hui, d'origine policière affirment dès les premières heures de l'enquête que Cécile Brossard est « une professionnelle » ? Ce que certaines de ces sources continuent à affirmer aujourd'hui encore. Simple querelle sémantique ou souci d'accréditer d'emblée la thèse du meurtre par passion ? Aux dépens de l'hypothèse d'un « contrat » sur la tête de Stern ?

« Le fait que l'ex-mannequin ne soit pas fiché à la brigade des mœurs de Genève ne signifie pas grand-chose. Certaines *call-girls* occasionnelles ne commercent (au sens charnel ou vénal) qu'avec un très petit nombre de clients. C'était semble-t-il son cas [1] », n'hésite pas à affirmer un enquêteur suisse.

1. *Libération*, 21 mars 2005.

Le chemin « professionnel » de Cécile Brossard a-t-il croisé celui de Margaret Mac Donald ou d'un autre réseau de *call-girls* ? Si l'information est exacte, il faut l'étouffer parce qu'elle peut affaiblir la défense de Cécile Brossard. Elle peut aussi jeter une lumière un peu trop crue sur les mœurs de nos élites et celles d'Édouard Stern en particulier. Dans les deux cas, personne n'a intérêt à ce que l'on déterre le passé de l'inculpée.

Les adversaires d'Édouard Stern avaient depuis longtemps identifié son point faible : une dénommée Cécile Brossard. Une ex-*call-girl* au bras d'un banquier... Faire courir le bruit que le financier a refait sa vie avec une prostituée de luxe, voilà de quoi casser l'image du flamboyant financier et accréditer l'idée qu'il s'est placé hors jeu, qu'il a perdu la main. Les affaires d'Édouard Stern capotent : c'est l'épisode Rhodia dans lequel il perd beaucoup d'argent, sa vie privée dissolue : c'est Cécile Brossard.

Une ex-call-girl

« Oui, je suis le père de Cécile Brossard. Je me doutais bien que des journalistes allaient m'appeler », lâche Michel Brossard au lendemain de l'arrestation de sa fille.

La vie de Cécile Brossard est couverte de zones d'ombre. Son père va être le premier à lever un coin du voile. Publicitaire à la retraite, il vit à Meulan, dans les Yvelines, avec sa seconde femme. L'homme semble confirmer le passé de *call-girl* de sa fille : « Oui, elle l'a été durant une courte période quand elle était plus jeune. Je crois qu'elle ne l'a pas fait longtemps. »

« *Call-girl* », le mot est prononcé. Le père de Cécile Brossard le dit spontanément. Plus tard, on pourra lire qu'il s'est fait piéger par les journalistes. C'est faux. Michel Brossard évoque le passé de sa fille avant même que la question ne lui soit posée. L'homme parle posément. Pas agressif mais plutôt fataliste. Bien qu'il reconnaisse être en froid avec sa fille depuis plusieurs années, il explique que son rôle est désormais d'être à son côté dans cette épreuve. Il veut aider celle dont il s'est éloigné : « Je suis entré en contact avec l'ambassade de France en Suisse pour savoir quelles démarches il faut accomplir pour pouvoir rendre visite à Cécile en prison. [1] »

La liaison avec Édouard Stern, il en a découvert les détails dans la presse. Il savait qu'elle voyait un homme riche qui l'emmenait en voyage dans son jet privé. C'est à peu près tout. Mais Michel Brossard n'est pas vraiment surpris lorsqu'il apprend que sa fille fréquentait un homme de pouvoir et d'argent : « Elle m'a toujours dit qu'elle cherchait un mari amoureux et riche afin de pouvoir faire des voyages et se consacrer à l'art », déclare-t-il [2].

« Vous savez, ma fille est intelligente et cultivée. Elle s'intéresse beaucoup à l'art », soupire-t-il. L'homme n'arrive pas à croire que Cécile puisse être impliquée dans un meurtre. Il n'y croit pas : « Quatre balles, c'est un *contrat*. Ce n'est pas elle qui a pu faire cela ! »

Ce qui est sûr, c'est que l'homme ne cherche en aucun cas à accabler sa fille. Au contraire. C'est pourtant ce que s'empresse de déclarer Xavier Gillet, « mari » de Cécile Brossard, en découvrant les déclarations de son beau-père dans la presse. « Son père n'a qu'une envie : détruire sa vie. Cécile a coupé les ponts avec lui depuis de nombreuses années », dit celui qui prétend, à cette époque, qu'elle est juste « une amie de Paris ». L'homme ne se doute pas que les journalistes remonteront jusqu'à Nanteuil-le-Haudouin, village où Cécile et lui sont connus sous le nom de « Mme et M. Gillet ». Premier mensonge. Par omission sans doute...

1. Entretien avec les auteurs, 16 mars 2005.
2. *L'Express*, 9 mai 2005.

Une certitude, Cécile Brossard a fréquenté du très beau monde dans les cocktails, les vernissages, les expositions de la capitale, ainsi que dans les soirées privées organisées chez elle, à Nanteuil-le-Haudouin. Dans les heures qui ont suivi son arrestation, le neveu d'une très haute personnalité française s'est agité en coulisse pour essayer de savoir ce que les journalistes avaient découvert sur les fréquentations de la jeune femme. L'homme n'a pas hésité à passer un coup de fil à la rédaction d'un grand quotidien parisien pour s'en enquérir. En vain.

« Docteur Tisane »

Il est, selon Cécile Brossard, « l'autre homme de sa vie », celui qui l'entretient depuis des années et avec lequel elle noue une relation platonique depuis environ cinq ans. Xavier Gillet, né le 17 décembre 1948 à Neuilly-sur-Seine, dans la riche banlieue parisienne, a quitté sa femme et ses deux filles pour se mettre en ménage avec Mlle Brossard. Visiblement, Xavier Gillet et Michèle, son ex-épouse, ont conservé de bons rapports. Michèle exerce toujours la profession de chiropraticienne à Gstaad, station de ski *jet-set* connue pour ses luxueux hôtels, dont le célèbre Palace, fréquenté par les têtes couronnées. Un lieu de villégiature où Édouard Stern possédait un chalet.

Michèle Gillet vit dans le chalet Le Youcamou, autrefois propriété de Xavier Gillet.

Chiropraticien de formation – il ne possède qu'un diplôme britannique –, Xavier Gillet a d'abord travaillé avec son épouse à Gstaad. Il est devenu suisse par mariage, désormais citoyen de Saanen dans le canton de Berne. En 1998, il épouse Cécile au cours d'un voyage aux États-Unis organisé par l'agence Laser Tours. Comme tant d'autres couples, ils choisissent Las Vegas, ses lumières et ses casinos pour s'unir. Pour le meilleur et pour le pire. Une cérémonie de pacotille comme on a voulu le faire croire ? Le mariage n'est pas régularisé. Ni en Suisse ni en France, quand bien même, sur les listes électorales de Nanteuil-le-Haudouin, Cécile Brossard est bel et bien enregistrée sous le nom de « épouse Gillet ». Le dépanneur de télévision a bien dressé les factures de réparation et l'abonnement au satellite au nom de Madame Cécile Gillet.

En France, le nom de Xavier Gillet n'est pas complètement inconnu. Avant d'exercer en Suisse, le naturopathe a travaillé en région parisienne. Sans diplôme reconnu, il s'est rapidement attiré des ennuis. L'ordre des médecins a réagi. En 1986, Xavier Gillet est mis en cause pour exercice illégal de la médecine. Les fichiers de police ont conservé la trace de cet épisode qui a encouragé Xavier Gillet, ainsi que plusieurs naturopathes français, à traverser la frontière pour se rendre en Suisse, réputée beaucoup plus ouverte aux médecines alternatives. La Riviera vaudoise regorge d'ailleurs de thérapeutes en tout genre exerçant sans certificat, parfois (pour ne pas dire souvent) remboursés par les assurances-maladie complémentaires. Dernière spécialité en vogue : la sympathicothérapie ![1]

Après Gstaad, Xavier Gillet s'installe dans un cabinet de kyriothérapie, d'abord à Montreux à partir du 1er août 1997, ensuite à Aigle en 2001, où il exerce toujours actuellement. Le lendemain de l'arrestation de Cécile Brossard, certains médias établissent un lien entre les mots « kyriothérapie » et « sadomasochisme ». En grec, en effet, *kyrio* signifie « domination ». De là à établir que Xavier Gillet était au courant des pratiques SM de Cécile Brossard et que son cabinet ferait, pourquoi pas, office de donjon SM, il n'y a qu'un pas... Xavier Gillet ne monte pas sur ses grands chevaux lorsqu'on lui pose la question. En fait, il réagit à peine lorsque le journaliste du quotidien vaudois *24 Heures* lui en fait la remarque : « C'est tout simplement aberrant. *Kyrio* renvoie à "kyrielle", comme la multitude des

1. Thérapie de réflexologie endonsale sur le système nerveux dit « sympathique ».

thérapies que je pratique : naturopathie, acupuncture, ostéopathie crânienne... »

Xavier Gillet est pourchassé par les journalistes dès le surlendemain de l'arrestation de Cécile Brossard. Le quinquagénaire se réfugie dans son entresol, rue du Collège à Aigle, un petit immeuble de béton sans charme situé devant le collège, non loin du siège de la police municipale vaudoise.

Il passe des heures à discuter, à marchander avec les médias, avant d'accepter de se livrer, notamment au journaliste du quotidien *24 Heures* (18 mars 2004).

Le « Docteur Tisane », comme on le surnomme parfois dans la petite ville vaudoise, est naturellement au courant de l'interpellation de Cécile à son propre domicile de Clarens deux jours auparavant. Lui-même a été entendu pendant de longues heures par la police. Mais, face aux journalistes, le naturopathe se tient sur la réserve. Xavier Gillet affirme ne plus manger depuis deux jours. Ne plus dormir. Pourtant, poursuit-il, Cécile n'est « qu'une amie de Paris qu'il connaît depuis des années et avec laquelle il partage des affinités artistiques ». « Elle vit à Nanteuil-le-Haudouin, près de Paris. Quand elle est en Suisse, elle dort souvent chez moi... comme d'autres amies d'ailleurs. »

Xavier Gillet persiste et... parle : « Je ne suis pas son compagnon. C'est une artiste-peintre, une sculptrice, un écrivain pour laquelle j'ai beaucoup d'admiration. Lorsqu'elle vient en Suisse, elle aime venir à Montreux. Je la loge alors chez moi. Mais son domicile n'est pas à Clarens mais à Nanteuil. Elle vient souvent passer quelques week-ends ici. » Deux jours après l'arrestation de celle qui n'est qu'une « amie », le nom de Cécile Brossard disparaît de la boîte aux lettres de Clarens... Dans ce que la presse a nommé « l'affaire Stern », Xavier Gillet est omniprésent.

À la question de savoir si, comme l'indiquent les listes électorales de Nanteuil-le-Haudouin, Cécile est bel et bien enregistrée sous le nom de « Cécile Brossard épouse Gillet », Xavier Gillet ne se montre guère loquace.

Pour le naturopathe, tout semble s'expliquer ainsi : c'est Michel Brossard, le père de Cécile, avec lequel elle est en bisbille depuis des années, qui a tout inventé : « Son père n'a qu'une envie : celle de détruire sa fille. Cécile a coupé les ponts avec lui. Oui, nous sommes allés à Vegas... Si j'avais voulu l'épouser, je l'aurais fait ici, à Montreux. »

Le père de Cécile Brossard confirme qu'il a coupé les ponts avec sa fille. L'homme raconte que Cécile a arrêté son « métier » de *call-girl* lorsqu'elle a rencontré Xavier Gillet, cet homme de vingt ans plus âgé qu'elle. « Je l'ai peu connu mais j'ai trouvé que c'était quelqu'un de très bien. Il était dans les médecines alternatives. Avec lui, j'ai surtout parlé de philosophie de la vie », se souvient Michel Brossard[1].

À Nanteuil-le-Haudouin aussi, on connaît bien celui qui se laisse appeler « Docteur Gillet » et qui soigne les petits maux des voisins. « Il traitait mes problèmes de dos, confie une vieille dame, voisine et confidente de Cécile Brossard. Il me fournissait aussi en produits contre les cheveux gris. Je ne peux pas dire que cela ait été très efficace ! » Et d'ajouter : « Nous savions que Cécile n'était plus mariée au docteur. Mais ils étaient restés en très bons termes. Xavier Gillet venait régulièrement au village, souvent accompagné de la même jeune femme. »

La pharmacienne de Nanteuil-le-Haudouin, avec qui Cécile Brossard entretenait de bonnes relations, avoue tout de même avoir quelque peu douté de la qualité réelle des diplômes de médecin de Xavier Gillet. « En fait, c'est mon mari, médecin de profession, qui m'avait alertée après avoir discuté avec lui. Il s'était rendu compte des lacunes du naturopathe », confie la pharmacienne.

Même son de cloche – ou presque – du côté des praticiens du canton de Vaud. « Si Gillet est docteur, alors moi, je suis le pape », sourit un habitant d'Aigle. Raymond Derameru, un

1. Entretien avec les auteurs, 16 mars 2005.

masseur diplômé qui habite rue du Collège, juste deux étages au-dessus du cabinet de Xavier Gillet, témoigne : « Il se dit docteur ou physiothérapeute selon les jours ou les interlocuteurs... Il m'a proposé de travailler avec lui lorsqu'il est venu s'installer à Aigle. J'ai bien entendu décliné l'offre. » Reste que le « Docteur Tisane » recueille aussi des éloges. « C'est un passionné d'art très à l'écoute des ses patients », affirme une jeune maman dans les colonnes du quotidien *24 Heures* (19 mars 2005). Ou encore cette femme, cliente de Xavier Gillet lorsqu'il pratiquait encore à Gstaad, qui parle d'un homme « hypercompétent, s'enquérant volontiers de la santé de ses patients quand il les croise ».

Xavier Gillet n'accordera qu'une seule et unique interview dans la presse, malgré les demandes répétées et pressantes des médias. Depuis ce jour-là, sa secrétaire fait obstacle. Elle fait répondre que son patron n'a plus rien à dire, que les journaux déforment tout. Concernant la mise en vente de la maison de Cécile Brossard en viagier à Xavier Gillet ? La secrétaire, qui travaille avec Xavier Gillet depuis sept ans, consent tout de même à répondre qu'il ne s'agit là que « du fruit du hasard ». Et d'interroger : « N'avez-vous jamais connu de hasard dans votre vie ? » Pour le surplus, la fidèle secrétaire renvoie les journalistes à un certain Martin Robert, administrateur à la signature individuelle de Kyriothérapie SA. Une société enregistrée en 1997 au registre du commerce du canton de Vaud dont le but est l'exploitation de centres de thérapie antistress et de naturopathie.

Martin Robert est un homme tout à fait affable. Mais peu loquace. Il dit ne rien savoir de toute cette affaire. « Laissez-le tranquille, il n'a rien à voir avec tout cela. Je le connais depuis des années. C'est quelqu'un de bien », lâche l'administrateur.

Il faut dire que Xavier Gillet semble vivre la grande vie. Il roule en Harley-Davidson. Il apprécie les bonnes tables comme celle de Philippe Rochat, à Crissier, les cinq étoiles comme le Montreux Palace. Il vit avec Cécile dans un somptueux sept pièces de Clarens, juste à côté de Montreux, face au lac Léman. À la mi-mars 2005, l'office des poursuites du canton de Vaud lui réclame pourtant 550 000 francs suisses. Le thérapeute fait également l'objet de quatorze actes de défaut de biens, d'une valeur de 1,755 million de francs. Les actes de défaut de biens ? Des documents délivrés par les tribunaux lorsque les poursuites et les commandements de payer sont restés lettre morte... On sait que le thérapeute doit de l'argent au fisc et qu'un obscur office de commerce de l'export marocain, basé à Paris, lui réclame, en mars 2005, une importante somme d'argent.

Deux mois après la mort d'Édouard Stern, le 5 mai 2005, la police vaudoise perquisitionne le cabinet de kyriothérapie de Xavier Gillet. Les policiers emmènent avec eux de nombreux documents et le mari de Cécile Brossard est entendu plusieurs heures tandis que le cabinet d'Aigle affiche : « Fermé pour cause de maladie »... Cette perquisition n'est que la suite d'une procédure engagée à la fin 2003 par la justice vaudoise dans le cadre d'une enquête pour fraude dans la saisie et inobservation des règles de la procédure de poursuite pour dettes ou de faillite. En clair, on reproche à ce contribuable de cinquante-sept ans de ne pas honorer ses dettes et, visiblement, d'avoir dissimulé certains actifs.

Dans le canton de Vaud, les instances sanitaires se préoccupent depuis un certain temps des pratiques du « Docteur » Gillet, même si, jusqu'à présent, elles n'ont pas eu l'occasion ni le pouvoir d'intervenir. Ainsi, le responsable de la police sanitaire du canton de Vaud, Jean-Robert Golaz, possède déjà un dossier sur le cabinet de kyriothérapie. « Il n'est tout simplement pas autorisé à pratiquer », constate Monsieur Golaz. Seulement voilà, tant que nulle plainte n'a été déposée par des patients, que les tarifs ne sont pas guidés par l'appât du gain ou que les résultats ne sont pas dommageables, il ne peut pas être condamné. Inutile donc d'engager une procédure si les tribunaux relaxent de tels praticiens... La Riviera vaudoise regorge d'ailleurs de thérapeutes en tout genre exerçant sans certificat. Plus d'un an après la mort d'Édouard Stern, Xavier Gillet exerce toujours dans son cabinet de kyriothérapie. À Aigle, comme sur la Riviera vaudoise, il continue de jouir d'une bonne réputation. Et tant pis pour les diplômes… Dans son cabinet aux peintures contemporaines qui peut accueillir jusqu'à dix patients, les consultations coûtent environ 103 euros : la première est à la charge du patient, les suivantes peuvent être remboursées par les assurances complémentaires. « En quelques minutes, l'homme est capable d'établir un diagnostic ne pouvant être mis en cause […]. Il utilise une méthode particulière. Avec des spectres lumineux, il peut déterminer de quels maux on souffre. Je suppose que cette méthode s'apparente à la chromothérapie », rapporte un patient. Xavier Gillet prescrit aussi des médicaments, ou plutôt des compléments alimentaires, produits en France sous la marque Elavy. Ces produits seraient fabriqués par un laboratoire dont l'adresse, à Beaumont, en France voisine, à quelques kilomètres de Saint-Julien-en-Genevois, est celle d'une vieille masure. On ne trouve pas davantage de trace de laboratoire à l'adresse où figure le siège social de la société près de Toulouse. En fait, Elavy est simplement une marque qui vient d'être rachetée par le patron du Medef de la région toulousaine, Franck Da Costa. La société était en faillite, l'homme l'a reprise pour une bouchée de pain. Franck Da Costa a rencontré Xavier Gillet à deux reprises : « C'est l'un de nos clients. Il se fournit chez nous régulièrement. Les produits Elavy sont à nouveau fabriqués par un laboratoire qui se trouve en Normandie. »

Honni soit qui mal y pense

Nanteuil-le-Haudouin, département de l'Oise, arrondissement de Senlis. Deux cafés, une pharmacie, trois agences immobilières et pas un chat dans les rues pendant la journée. Le petit village d'à peine trois mille trois cents âmes est situé à une trentaine de kilomètres de Paris. La plupart des habitants travaillent à l'aéroport de Roissy, tout proche. Quelques célébrités y ont eu un pied-à-terre ou en conservent un : la comédienne Clémentine Célarié, le « commissaire Maigret » alias Jean Richard ou encore le chanteur Hervé Villard. Sur le fronton de l'une des maisons qui fait face à la mairie, une devise gravée dans la pierre : *Honni soit qui mal y pense.*

C'est en 1993 que Cécile Brossard, âgée de vingt-quatre ans, achète sa maison de pierre, une longère, à un prix dérisoire, alors qu'elle est employée dans une maroquinerie de Roissy. Petit à petit, Cécile la restaure, fait installer un sauna et plusieurs Jacuzzi. Au rez-de-chaussée, une petite salle de sport vitrée, un sauna et un petit salon. Une cuisine américaine, une chambre, un énorme lit et un autre jacuzzi. La chambre de Xavier Gillet se situe au deuxième étage. « Cette maison était aménagée avec beaucoup de goût. Cécile venait de faire l'acquisition d'une grange attenante. Un local déclaré à l'administration fiscale comme un commerce sans boutique. Cécile voulait y installer une galerie et un atelier de sculpture », expliquent ses connaissances.

Depuis deux ans, Édouard Stern vient régulièrement à Nanteuil-le-Haudouin. Il gare sa Mercedes devant le 8, rue Le Châtelier.

Depuis le bar PMU qui surplombe la rue, les habitants observent en souriant les allées et venues des grosses cylindrées.

Pour Édouard, Cécile a même fait rehausser la poutre des combles, trop basse pour son « géant ». Édouard Stern, qui passe pour le protecteur de la jeune femme, n'est pas homme à baisser la tête. Personne ne sait qu'il connaît bien la région, lui qui a passé son enfance au château de Villette, à Pont-Sainte-Maxence, près de Senlis, à moins de cinquante kilomètres de là. Cette gigantesque propriété, construite en 1900 dans le style néo Louis XIII, a appartenu à la famille Stern jusqu'en 2002.

Édouard n'y venait plus beaucoup sauf pour participer à des parties de chasse et à des réceptions.

Lorsque la presse repère la maison de Cécile Brossard, le jour même de son arrestation, au 8, rue Le Châtelier, ruelle située non loin de la place de la mairie, le village est assailli par les médias. Mais à Nanteuil-le-Haudouin, on se montre plutôt réticent à l'idée de parler de Cécile Brossard. Dans ce village, la plupart des voisins de Cécile Brossard ferment leurs volets. Ils ne se mêlent pas de la vie des autres et le font aisément comprendre. La maison de pierre aux volets bruns appartenant à Cécile Brossard a, elle aussi, les volets clos. Aucun scellé n'est apposé sur la porte. La voisine, une femme à la retraite, consent tout de même à parler de Cécile. « Ce que je peux vous dire, c'est que ces derniers temps elle avait vraiment peur. Lorsqu'on sonnait chez elle, elle me téléphonait pour que je regarde qui c'était. Une fois, elle a couru dans la rue en criant : "J'ai peur, j'ai peur !" Elle ne garait même plus sa voiture devant sa maison mais allait la parquer derrière la place de la mairie. Je ne sais pas comment ce drame a pu survenir. Cécile aurait été incapable de tuer une araignée », indique la vieille dame. Et d'ajouter : « Édouard Stern, Charles-Édouard, comme elle l'appelait, la poursuivait de ses assiduités jusqu'ici. » Depuis quelques mois, Cécile Brossard semblait tourmentée. « Un jour, j'ai vu qu'elle portait des traces de coups au visage. Elle essayait de les dissimuler. Cécile n'a pas voulu me dire qui lui avait fait cela. Je la voyais rentrer précipitamment dans sa maison pour se terrer. Il y avait quelque chose qui n'allait pas. »

Au centre de Nanteuil-le-Haudouin, l'église Saint-Pierre, qui date du XIIe siècle, étire ses deux puissantes tourelles octogonales vers le ciel. Une architecture militaire, impressionnante, pesante. En face, les étalages de légumes et de fruits de l'épicerie. Un peu plus loin, le Café de la Poste. Le patron – un ancien postier qui affiche dans son restaurant une recette de kir et un portrait de Jean Gabin – accueillait parfois Cécile Brossard pour déjeuner ou pour dîner. Un menu copieux à 12 euros qu'elle partageait avec Édouard ou des amis. L'éternel œuf mayonnaise ou le hareng pommes de terre en entrée. Au comptoir, les habitués se souviennent évidemment de cette jeune femme blonde, « bien roulée », et discrète. Un gendarme explique lui avoir retiré son permis il y a moins d'une dizaine d'années suite à un accident de la route. « Sauf erreur de ma part, elle avait dû le repasser en Suisse », raconte-t-il. Un autre client indique qu'il a connu Cécile à son arrivée au village : elle était alors en cheville avec un jeune homme qui lui avait volé ses économies : quatre « plaques ». « Elle m'avait raconté son histoire et je sais qu'elle l'avait retrouvé : il lui avait rendu le fric. Ou en tout cas une partie. »

Quand ils ne vont pas au Café de la Poste, Cécile et Édouard se retrouvent au château d'Ermenonville, à quelques minutes de Nanteuil-le-Haudouin. Un haut lieu de l'Histoire. Un lieu de résidence de Louis XI qui y faisait venir les meilleurs connaisseurs de la terre agricole de toute l'Europe. L'endroit où est mort Jean-Jacques Rousseau le 2 juillet 1778. En 1942, le château est acheté par Ettore Bugatti. Aujourd'hui, c'est surtout une halte gastronomique réputée et un hôtel très prisé.

À la pharmacie du village, Cécile Brossard est une habituée. « Elle confiait parfois son mal-être », raconte la pharmacienne. À Nanteuil-le-Haudouin, Cécile Brossard dresse un portrait toujours très élogieux de Xavier Gillet qu'elle présente à tout le monde comme son mari. Un naturopathe sans cesse prompt à prodiguer des soins et des conseils aux habitants du village. « Il soignait ce que les autres médecins ne soignent pas », assure l'un de ses patients.

Sous le couvert de l'anonymat, un commerçant de Nanteuil-le-Haudouin accepte de se livrer. L'homme explique que Xavier Gillet est arrivé dans la nuit du 15 au 16 mars dans la maison de la rue Le Châtelier, quelques heures après l'arrestation de Cécile Brossard, le matin même.

L'homme ne le cache pas : la voisine était vraiment ce qu'il convient d'appeler une belle femme. Discrète, naturelle. « Elle venait souvent avec sa maman qui, sauf erreur, vit à Paris. Sans doute pour se reposer loin d'une vie agitée, poursuit-il. Il y a cinq ans, Cécile Brossard avait voulu vendre sa maison, observe-t-il encore, mais elle en voulait beaucoup trop. Je crois qu'elle en voulait 110 millions ! Des anciens francs, bien sûr. »

Le villageois a épié pendant des années cette voisine pas comme les autres. Il livre quelques détails supplémentaires sur sa vie. « Oui, c'est vrai, elle aimait faire la fête. J'avais même dû y mettre le holà à cause du bruit. Vous savez, Cécile Brossard recevait beaucoup. Et, chez nous, on n'avait guère l'habitude de voir toutes ces belles voitures stationnées. Des Ferrari, des Bentley, dans la rue Le Châtelier ou sur la place de la mairie ça ne passe pas inaperçu. On se doutait qu'elle était plus ou moins *call-girl*. Il y avait beaucoup de belles femmes. Un jour, un homme est venu au magasin pour nous demander l'adresse de la masseuse. »

Le viager

Le 11 mars 2005, soit quatre jours avant l'arrestation de Cécile Brossard, le maire de Nanteuil-le-Haudouin, Philippe Dupille, signe sans y prêter attention un document officiel qui va pourtant faire grand bruit. Cet élu UMP, quinquagénaire alerte, tiré à quatre épingles, détonne au milieu de ce village sans âme.

Avec un sourire entendu, le notable confie que la présence de Cécile Brossard à Nanteuil-le-Haudouin ne passait de loin pas inaperçue : « Je n'ai pas beaucoup d'administrées qui lui ressemblent. » N'empêche, l'homme ne fait pas le rapprochement lorsque la secrétaire de mairie lui tend le fameux document à signer.

Une déclaration d'intention d'aliéner sur la maison du numéro 8, rue Le Châtelier, celle de Cécile Brossard. Un document qui permet à la mairie d'exercer, si elle le souhaite, un droit de préemption. L'élu UMP sort sa plume et signe le papier officiel sans sourciller : « Je ne savais évidemment rien de cette affaire criminelle. J'avais bien lu qu'Édouard Stern était mort. Mais comment aurais-je pu imaginer que Cécile Brossard pouvait avoir joué un rôle dans cette triste affaire ? » Et de reconnaître, toutefois, s'être étonné de cette vente, en viager, à l'attention de Xavier Gillet, pour la somme de 122 000 euros, à raison de 5 600 euros par an...

L'acte de vente a été formalisé dans la précipitation quelques jours auparavant, entre le 7 et le 10 mars, chez le notaire de Nanteuil-le-Haudouin, Me Jean-Louis Hainsselin. Il n'a en revanche pas été finalisé, du fait de l'arrestation de Cécile Brossard. La maison de Nanteuil-le-Haudouin appartient toujours à Cécile Brossard.

Dans son étude jouxtant la mairie, l'officier public se réfugie derrière le secret professionnel. Cette affaire de viager qui suit la mort d'Édouard Stern attire la curiosité de la justice suisse.

Perquisition sous contrôle

Juste après le week-end pascal, le 6 avril 2005, le juge Michel-Alexandre Graber perquisitionne la maison de Cécile Brossard à Nanteuil-le-Haudouin. Cette démarche devait rester secrète. Mais des journalistes ont eu écho de l'arrivée imminente du magistrat helvétique, logé au château d'Ermenonville, cet hôtel-restaurant où Cécile Brossard et Édouard Stern allaient souvent dîner.

La rue Le Châtelier est bouclée par un cordon de police. La porte de la bâtisse de pierre est ouverte en présence du juge suisse. Selon la procédure, le magistrat doit être accompagné par l'un de ses homologues français. C'est la doyenne des juges d'instruction du tribunal de Senlis, Agnès Marcade, qui est chargée de cette mission. Toujours comme l'exige la procédure, deux témoins de moralité sont présents. On a demandé à deux habitants de Nanteuil-le-Haudouin de jouer ce rôle. Débute sous l'objectif des photographes une fouille méticuleuse par les gendarmes français, cinq semaines après le crime. Les lieux ont été nettoyés.

À la recherche de documents pouvant être utiles à son enquête, le juge Graber fait ouvrir les tiroirs, les armoires.

Tout n'a pas été emporté, le magistrat trouve des « choses intéressantes ». La perquisition se déroule dans un climat étrange. Manifestement, les autorités françaises redoutent qu'il ne tombe sur des documents embarrassants. Le magistrat poursuit ses recherches sous le contrôle de la juge Marcade. Graber fait procéder à l'ouverture d'un coffre à numéros : il contenait des documents étrangers à l'affaire criminelle mais cependant dignes d'intérêt selon lui. Le magistrat ne manque aucune occasion de glisser à l'oreille de qui veut l'entendre qu'il ne lui appartient pas d'investiguer sur les affaires franco-françaises. Il n'est pas mécontent de son voyage. La pêche a été bonne. Les éléments récupérés l'éclairent un peu plus sur la personnalité de Cécile Brossard, sur sa vie et son environnement. Il a retrouvé des photos prises par elle dans la chambre d'un hôtel parisien en 1998.

S'il doutait encore du caractère sensible de son enquête, le juge Graber sait, depuis sa perquisition à Nanteuil-le-Haudouin, que le dossier est très chaud...

8

Les autres femmes

Julia Lemigova...

Édouard Stern semble ravi par sa dernière « trouvaille, brillante et cultivée : Cécile Brossard ». Il sort d'une histoire avec une certaine Julia, une ex-Miss Russie avec laquelle il a vécu une autre passion dévastatrice, là aussi scellée dans le sang.

C'est l'hebdomadaire *Le Nouvel Observateur* qui divulgue l'existence de cette histoire dans son édition du 14 avril 2005, soit un mois et demi après la mort du banquier. Les révélations sont croustillantes quand bien même « l'affaire Julia » circule dans les rédactions parisiennes depuis plusieurs semaines. Les photos d'archives montrent une magnifique jeune femme à la crinière brune et à la dentition éclatante vêtue d'une robe du soir. Sur son écharpe de satin blanc est inscrit « Miss URSS ». Les images datent de 1991, lorsqu'elle participe à la finale de Miss Univers à Las Vegas. Un an plus tard, elle sera dauphine de Miss Univers.

La relation entre Édouard Stern et sa Miss n'offrirait guère d'intérêt si le financier n'avait pas été retrouvé mort par balles ; si le petit bébé de Julia n'était pas mort dans des circonstances troublantes ; et si, surtout, Cécile Brossard n'avait pas rencontré Julia au mois d'octobre 2004 à Paris. La scène rapportée se déroule dans une brasserie de l'avenue Montaigne, dans le très chic VIIIe arrondissement de Paris où l'ex-Miss a ouvert un Spa très en vogue. L'Institut Joya est fréquenté par toute star qui se respecte, notamment pour son éclatant soin « Nuit blanche ». Un mélange de massage aux huiles essentielles et de shiatsu qui redonne de l'éclat à la peau et fait disparaître les maux de tête. Un rêve. « Un soin multifonction qui ravira les *night-clubbers* », peut-on lire dans le magazine *Vogue* du mois de novembre 2005. Dans les cabines de l'Institut Joya, on pratique également une panoplie de massages thaïs et japonais. À l'heure du déjeuner, on peut même se restaurer avec des plats thaïs. Les femmes, mais aussi les hommes, aiment à venir se détendre dans cet institut haut de gamme où l'on se laisse aller entre les mains de masseuses diplômées avant de déjeuner en un minimum de temps.

Mais revenons à la rencontre entre les deux femmes. La timide et effacée Cécile Brossard téléphone à Julia Lemigova, se faisant passer pour une certaine Laura, avocate à Versailles venue défendre les intérêts d'une petite amie d'Édouard Stern. Le scénario paraît énorme. Mais pourquoi pas ? Lorsqu'elle passe la porte du Bar des théâtres, Cécile Brossard semble nerveuse. Le regard fuyant, elle paraît traquée. Pour Julia, avoir accepté de rencontrer cette avocate, c'est renouer avec un passé douloureux. Avec la mort de son petit Maximilien... C'était sept ans plus tôt...

Comme Cécile Brossard, Julia Lemigova a connu Édouard Stern au cours d'un dîner parisien, organisé par Jimmy Goldsmith. Édouard est impressionné par cette superbe jeune femme de vingt-six ans qui ressemble un peu à Julia Roberts, parle le français, l'italien, l'anglais et le russe couramment. Belle et intelligente, elle possède aussi un carnet d'adresses bien rempli, ce qui ne déplaît pas à Édouard Stern. Julia Lemigova est l'amie d'India Jane Birley, belle-fille de Jimmy Goldsmith, un homme que le banquier admire profondément et avec lequel il joue parfois au poker dans un club très sélect des Champs-Élysées.

Édouard Stern tombe sous le charme. Julia Lemigova aussi. Il vient de se séparer de sa femme, Béatrice. Sa rencontre avec Julia lui change les idées. Peu à peu, la relation devient plus sérieuse. Les amis d'Édouard Stern ont beau dire qu'un financier ne doit pas se commettre avec un top model, comme toujours, Édouard n'en fait qu'à sa tête. Il néglige les conseils de ses amis. Il emmène Julia partout. Comme Cécile Brossard. Il lui donne également des cours de tir.

Julia en a fini avec le mannequinat. Elle se lance dans l'économie en s'inscrivant à des cours de *business administration* à l'université américaine de Paris.

Printemps 1999, elle apprend qu'elle est enceinte. La jeune femme vit sur un nuage. Pour Édouard Stern, l'idée d'être père une quatrième fois ne le transporte pas de joie... D'ailleurs, est-il vraiment le père ? Cet enfant, Julia le veut. Et elle le gardera. Quoi qu'il advienne. Comme toute femme, Julia ne rêve évidemment pas d'une grossesse loin du père de son bébé. Elle tient bon même si, avouera-t-elle plus tard, au cours de ces neuf mois elle vit avec le sentiment d'être suivie. Épiée. À l'été, elle décide de partir accoucher à New York. Elle s'installe à l'hôtel Carlyle. Mais, de l'autre côté de l'Atlantique, la surveillance ne s'est pas relâchée. Un jour, rapporte *Le Nouvel Observateur*, elle a même la surprise d'être interrogée par un détective.

Le 18 octobre 1999, Julia Lemigova accouche d'un petit Maximilien Lemigova. Coïncidence, Édouard Stern est du même signe astrologique : *Balance*. Il est né exactement le même jour, il y a quarante-cinq ans. À l'office d'état civil, Julia Lemigova inscrit Maximilien sous la rubrique « né de père inconnu ».

Début de l'année 2000, l'ancienne Miss rentre à Paris avec son bébé dans les bras. Édouard Stern continue de fréquenter la jeune maman. Un jour, il lui aurait confirmé que le cabinet de détectives qui l'avait prise en filature était payé par ses soins. Dans le monde de la haute finance, l'on s'accommode mal d'un enfant illégitime... Julia s'installe dans un meublé, rue Saint-Didier, dans le XVIe arrondissement de la capitale.

Pour trouver une nounou, elle passe une petite annonce. Quelques jours plus tard, une jeune femme d'origine bulgare frappe à sa porte. Certes, elle ne possède pas de papiers. Mais elle parle russe et prétend avoir exercé le métier d'infirmière. Avec Maximilien, le contact semble bien passer. C'est l'essentiel. Julia engage la baby-sitter, qui commence son travail le 28 février 1999. Cinq jours plus tard, la maman constate que son bébé ne se trouve pas dans son état normal. Le 8 mars 1999, Maximilien sombre dans le coma. Il meurt deux jours plus tard, les médecins de l'hôpital Necker ayant diagnostiqué un traumatisme, hélas fréquent, lié au « syndrome du bébé secoué ». Une information judiciaire est tout de même ouverte alors que Julia, elle, est hospitalisée à son tour. Convoquée à sa sortie de l'hôpital dans le bureau d'un juge d'instruction, elle est soupçonnée d'avoir maltraité son enfant. Julia Lemigova est placée en garde à vue avant d'être relaxée mais sous contrôle judiciaire. Pour la jeune femme, le monde s'écroule. Son bébé est mort et elle se voit soupçonnée de l'avoir tué ! Quant à la jeune nounou bulgare, elle s'est volatilisée dans la nature.

Depuis la mort du bébé, la relation entre Édouard Stern et Julia se fait plus épisodique. À l'été 2004, elle revoit Édouard pour la dernière fois. « Tu sais, j'ai quitté mes trois bonnes femmes, lui aurait-il annoncé. J'ai commis des erreurs, mais tous les deux, nous sommes liés par le sang. Notre histoire représente quelque chose d'important dans nos vies. Si l'on doit revivre un jour ensemble, il faudra tout quitter. Maintenant, je crois que je suis prêt à partir avec toi », aurait-il avoué à Julia. Mais la jeune femme a fait le deuil d'Édouard.

Le passé ressurgit pourtant en octobre 2004, dans ce café de l'avenue Montaigne où Julia Lemigova a rendez-vous avec Cécile Brossard. Cécile Brossard, alias Laura, a désormais abandonné le rôle de l'avocate. Elle a quitté l'invisible robe noire d'un hypothétique prétoire de Versailles pour endosser la simple tenue d'une femme perdue. Cécile la blonde affirme à Julia la brune qu'Édouard hésite encore entre les deux femmes. Cécile

Brossard insiste : Édouard a-t-il revu Julia dernièrement ? Dans quelles circonstances ? Elle veut tout savoir : la nature de leurs relations sexuelles, s'il se livrait avec Julia aux mêmes jeux érotiques. S'il entretenait avec elle des relations simultanées avec plusieurs partenaires.

Julia écoute cette femme visiblement perturbée. Elle n'en peut plus et quitte la brasserie en état de choc. Mais Cécile Brossard n'a pas dit son dernier mot. Régulièrement, elle téléphone à Julia Lemigova jusqu'au début du mois de janvier 2005. Le 12 janvier 2005, Julia Lemigova prend l'avion pour Melbourne, en Australie, pour assister à l'Open d'Australie, le célèbre tournoi de tennis, afin d'y soutenir une amie russe. Après le tournoi, elle reste deux semaines au pays des kangourous afin de rassembler des informations sur le marché de l'aromathérapie australien. L'huile d'argan du Maroc est déjà passée de mode. Julia Lemigova a l'intention de lancer en France une ligne de produits à base de plantes organiques australiennes. À son retour de l'autre bout du monde, le 25 janvier 2005, Julia n'entendra plus parler de Cécile. Jusqu'au 15 mars, date de l'arrestation de Cécile Brossard. Aujourd'hui encore, Julia Lemigova ne sait toujours pas pourquoi Cécile Brossard est venue la voir. *Le Nouvel Observateur* évoque un possible chantage à propos de révélations sur la mort du bébé. « C'est absurde. Cela relève de la fantasmagorie », répondent les avocats de Cécile Brossard. De son côté, le juge Michel-Alexandre Graber confirme ne pas enquêter sur la mort du bébé. « Le dossier français s'est clôturé par un non-lieu en 2002 et a porté sur des faits qui se sont exclusivement déroulés en France. Cette histoire vient faire diversion dans un dossier criminel. »

... et les autres

La thèse de la relation passionnelle exclusive a du plomb dans l'aile. « J'estime qu'Édouard Stern n'était pas dépendant de ma cliente, ni en plein désarroi car ce n'était pas le premier orage qui agitait ce couple. Le banquier avait d'autres liaisons en parallèle. Il n'était donc ni abandonné ni désespéré », déclare Me Pascal Maurer, l'avocat de Cécile Brossard. « Cécile Brossard a voulu quitter monsieur Stern à de nombreuses reprises, poursuit Me Maurer. Mais, à chaque fois, il a su la reconquérir, quand bien même Cécile savait qu'Édouard Stern voyait deux autres femmes. »

Édouard Stern entretenait des relations épisodiques avec d'autres femmes. À Genève, il voit de temps à autre une avocate. Avec elle, il doit s'envoler pour une semaine aux Seychelles, le 14 janvier 2005. Fabienne Servan-Schreiber, demi-sœur d'Édouard Stern, qui a fait la connaissance de Cécile Brossard, n'a en revanche jamais rencontré cette autre femme. La seule fois que la productrice a vu apparaître ce nom, c'était sur la liste des passagers de l'avion d'Édouard Stern. L'amie genevoise d'Édouard Stern est une belle femme âgée d'une quarantaine d'années. Avocate de formation, elle est, comme de nombreuses femmes de la haute société genevoise, très engagée dans les œuvres caritatives. Née en France, elle s'est mariée deux fois et a divorcé ensuite. Son second époux était un important industriel qui, en 1998, est officiellement domicilié à l'adresse d'un cabinet d'avocats genevois utilisé par Édouard Stern. L'homme d'affaires fait l'objet d'un redressement fiscal de 10 millions de francs suisses en 1996. Il est cité dans plusieurs affaires de financement politique. À l'époque, le couple possède un grand nombre de biens immobiliers en Suisse. Leur ancienne propriété leur aurait été rachetée pour environ 1,9 million d'euros par une vedette de la chanson française.

Un monde sépare cette femme de la haute société de Cécile Brossard. Sur le plan physique également, elles ne se ressemblent pas du tout. Belle brune au port de tête altier, l'avocate fréquente la *jet-set*. Dans les dîners mondains, la belle quadragénaire est comme un poisson dans l'eau. Mais elle aime aussi assister aux matchs de football. L'amie d'Édouard Stern parle quatre langues dont le russe. Une langue qu'elle connaît sur le bout du doigt, ayant passé deux ans dans une université russe, avant la chute du mur de Berlin en 1989. Elle s'est spécialisée dans les questions de droit international privé, les contrats commerciaux et le droit des successions. Elle compte parmi ses clients de riches industriels français, qu'elle fait bénéficier de forfaits fiscaux lorsqu'ils viennent s'établir en Suisse. L'avocate est présente dans plusieurs sociétés en tant qu'administratrice, en Suisse et au Luxembourg. « Une forte femme », dit-on d'elle. « Une femme mystérieuse très proche des coulisses du pouvoir », reconnaît l'un de ses amis. Après la mort de Stern, on la verra notamment dîner dans un grand restaurant de Genève avec un ancien ministre français. L'avocate a été entendue par le juge Graber comme témoin dans l'affaire Stern. Tout comme une autre femme, mariée et domiciliée à Paris, avec laquelle le banquier entretenait également une relation.

9

Le doute s'installe

Dans les pages qui vont suivre, nous allons être amenés à évoquer d'autres pistes de travail des enquêteurs sur les circonstances de la mort d'Édouard Stern.

À notre connaissance, à ce jour, absolument aucun élément matériel ne vient corroborer les rumeurs ou les hypothèses selon lesquelles Édouard Stern aurait été tué sur « contrat » par des commanditaires qui auraient voulu se débarrasser de lui en raison d'intérêts économiques ou financiers divergents.

Dès lors, les affaires dont nous faisons état ne peuvent que nous révéler l'extraordinaire activité d'Édouard Stern dans des domaines parfois sensibles pour des raisons politiques ou financières.

Certains pensent encore que sa mort est directement ou indirectement liée à ces affaires. Nul ne le sait vraiment mais ce qu'il est permis de dire est que sa mort a arrangé les intérêts de ses opposants et de ses ennemis.

« Il avait découvert quelque chose »

Mercredi 9 mars 2005. New York, Ve Avenue. Les bureaux de Jeffrey Keil sont perchés sur le toit de la plus grande bibliothèque de la ville : la New York Public Library.

Le journaliste américain Bryan Burrough enquête sur la mort d'Édouard Stern. Il rencontre Jeffrey Keil, ancien bras droit d'Edmond Safra et associé du banquier mort par balles à Genève.

« Je veux partager avec vous une expérience sinistre [1] », annonce d'emblée Jeffrey Keil en se levant de son fauteuil. Il s'avance vers une table pour prendre son téléphone portable et compose le numéro de sa messagerie vocale. « Je vais vous faire écouter le dernier message laissé par Édouard sur mon répondeur », dit-il sur un ton mystérieux.

L'appel a été passé le dimanche 27 février 2005 au matin, la veille du drame. Édouard Stern s'exprime dans un anglais doux et sans accent. Il fait part de ses conversations avec ses avocats et de ses inquiétudes concernant le dossier Rhodia. Thierry Breton, ancien administrateur dont la gestion est attaquée par Stern, vient d'être nommé ministre des Finances à Paris. Édouard Stern, sarcastique, demande à Jeffrey Keil si l'on doit mentionner son rôle de nouveau ministre dans le rapport qu'il s'apprête à remettre à la justice.

Jeffrey Keil confie qu'Édouard se sentait menacé physiquement les jours avant sa mort. « Il était inquiet pour sa sécurité », assure-t-il. L'homme d'affaires pèse ses mots.

« Édouard m'a fait part de sa peur. Il avait découvert quelque chose qui lui avait donné la chair de poule. Je ne veux pas avoir l'air de dramatiser, mais il s'agissait d'une affaire de vie ou de mort. Quelque chose que l'on doit aborder avec beaucoup de prudence. Même vous, faites attention, prévient Jeffrey Keil. Édouard n'était pas homme auquel on pouvait facilement faire peur », insiste-t-il. Au moment où il confie son sentiment au journaliste américain, Jeffrey Keil ignore encore que la suspecte s'appelle Cécile Brossard. Il la connaît. À aucun moment il ne la soupçonne d'avoir pu commettre un tel acte.

1. *Vanity Fair*, juillet 2005.

Des banquiers qui meurent

Stern n'est pas le premier banquier mort dans des circonstances troublantes. Avant lui, il y a eu Edmond Safra. Le richissime banquier libanais, patron de la Republic National Bank of New York, meurt le 3 décembre 1999 à Monaco à l'âge de soixante-sept ans, dans des circonstances qui ne seront jamais complètement élucidées. Sa fortune est alors estimée à 2,5 milliards de dollars. Edmond Safra est sur le point de finaliser la cession de son empire financier au groupe bancaire britannique HSBC. C'est Édouard Stern qui pilote l'opération. Obsédé par sa sécurité, Edmond Safra occupe un duplex de 1 000 mètres carrés hyperprotégé qu'il s'est fait construire à Monaco. Le milliardaire vit reclus derrière des portes blindées depuis qu'il sait qu'un *contrat* a été mis sur sa tête. Le 3 décembre 1999, son immeuble est la proie des flammes. Un incendie criminel. On retrouve le sexagénaire asphyxié dans sa salle de bains avec son infirmière philippine. Son infirmier affirme avoir été agressé par deux hommes avant l'incendie. L'avocat de la famille de cet autre banquier était déjà Me Marc Bonnant.

Dans *Histoire secrète du Mossad,* paru en janvier 2006[1], Gordon Thomas laisse entendre qu'Edmond Safra a été assassiné par les services secrets israéliens... Peut-être à cause du rôle qu'il aurait pu jouer dans le dossier de l'*Irangate*[2]. Édouard Stern a souvent mené des affaires dans l'ombre d'Edmond Safra. Après le décès de ce dernier, il s'est rapproché de son ancien bras droit, Jeffrey Keil. Autrefois président de la Republic National Bank of New York, le financier américain avait pris des

1. Gordon Thomas, *Histoire secrète du Mossad : De 1951 à nos jours*, Nouveau Monde, 2006.
2. L'affaire dite de « l'*Irangate* », nom donné en souvenir du scandale du *Watergate*, est une affaire politique survenue au milieu des années 1980 aux États-Unis. L'administration du président américain de l'époque, Ronald Reagan, a vendu des armes à l'Iran, ennemi avoué de ce pays, tout en finançant avec les profits obtenus un mouvement d'insurrection au Nicaragua.

participations dans l'IRR, le fonds d'investissement d'Édouard Stern. Le 3 mars 2005, le *New York Times* rappelle que Safra et Stern ont été consultés pour monter des projets en Iran en 1991 au lendemain de la guerre du Golfe.

Stern, Safra, la liste ne s'arrête pas là. En 1982, l'Italien Roberto Calvi, surnommé « le Banquier de Dieu », est retrouvé pendu sous un pont à Londres. Un meurtre maquillé en suicide. Roberto Calvi, dirigeant du Banco Ambrosiano et affilié à la Loge P2 avait pris la fuite après avoir laissé un trou de plus de 720 millions de dollars[1] dans les caisses de son établissement. La banque Ambrosiano gérait les fonds du Vatican.

Le monde de la finance est petit. La mort de Roberto Calvi et le scandale de la banque Ambrosiano renvoient à une autre mort tout aussi mystérieuse, celle de Gérard Soisson, numéro deux de Cedel, devenu par la suite Clearstream. Déjà à l'époque, un parfum de scandale entoure les activités de la chambre de compensation luxembourgeoise. Le 28 juillet 1983, Gérard Soisson meurt d'un infarctus alors qu'il séjourne en famille au Club Méditerranée de Cargèse. Le banquier succombe à un malaise cardiaque après un footing. C'est un homme en pleine santé qui s'effondre. Calvi et Soisson se connaissaient. Leurs chemins se sont croisés à la Kredietbank. Soisson connaît tous les secrets de Cedel. Il y a quelques années son fils, Daniel Soisson, a confié au journaliste Denis Robert[2] ses doutes quant aux circonstances de la mort de son père. Un empoisonnement n'est pas exclu. Le regret de sa famille est de ne pas avoir fait autopsier son corps. Le numéro deux de Cedel a emporté ses secrets dans sa tombe. Il n'a laissé derrière lui qu'une mallette remplie de demandes d'ouverture de comptes non publiés reçues par Cedel et un mystérieux bout de papier sur lequel est griffonné le nom d'une banque : « Ambrosiano ». Stern, Safra,

1. Environ 576 millions d'euros.
2. Denis Robert et Ernest Backes, *Révélations*, Les Arènes, 2001.

Calvi, Soisson… Une histoire de sexe qui dégénère, un incendie criminel fatal, un faux suicide, un homme en pleine santé victime d'un malaise foudroyant. À chaque fois, des financiers puissants et des enquêtes qui s'arrêtent là où commence le secret bancaire. Ou la raison d'État ?

Un autre banquier trouve la mort dans des circonstances étranges. L'affaire fait moins de bruit mais elle ressemble aux quatre précédentes. La mort frappe toujours le même cercle. Le 3 mars 2004, Stephen Curtis, directeur de la Menatep, périt dans un accident d'hélicoptère. L'appareil explose avant de s'écraser près de l'aéroport de Bournemouth en Grande-Bretagne. Le *holding* russe Menatep est le principal actionnaire du pétrolier Youkos. Son premier actionnaire, Mikhaïl Khodorkovski, est en prison. À Genève, les biens de la Menatep sont administrés par Valmet SA, jusqu'à sa dissolution. La société ne jouit pas d'une excellente réputation. En 1999, ses activités intéressent beaucoup la justice suisse. Magistrats et enquêteurs essayent de reconstituer le cheminement des fonds russes dans l'affaire du *Kremlingate*[1]. Depuis 1989, Valmet ne se borne pas à gérer les intérêts de la Menatep à Genève, elle participe aussi à des opérations avec le *holding* russe Youkos. À Genève, elle héberge également les bureaux de la société de négoce pétrolier Runicom. Un montage de sociétés qui croisent les intérêts de l'homme d'affaires russe Bruce Rappaport. Âgé aujourd'hui de quatre-vingts ans, Bruce Rappaport a été cité dans un grand nombre d'affaires de vente d'armes, de blanchiment d'argent, d'oligarques russes, de *trading* pétrolier. C'est aussi l'un des anciens associés d'Edmond Safra au sein de la Bank of New York.

1. En 1999, les proches de Boris Eltsine sont éclaboussés par l'affaire dite du *Kremlingate*. Une poignée d'apparatchik est accusée d'avoir détourné 10 milliards de dollars dont une partie provient du FMI. Plusieurs établissements sont mis en cause parmi lesquels la banque russe Menatep et la Bank of New York.

Troublante coïncidence, le 11 avril 2004, un mois après la mort de Stephen Curtis, le directeur de la Menatep tué dans un crash d'hélicoptère, l'étude de l'avocat Dominique Poncet à Genève est la proie d'un incendie criminel. Le célèbre cabinet genevois est justement chargé de défendre les intérêts de la Menatep et de Mikhaïl Khodorkovski. Le milieu des hautes affaires et de la finance est un univers impitoyable. Les intimidations, les menaces, le chantage sont des pratiques courantes.

La famille s'interroge

Édouard Stern a-t-il vu ce qu'il ne devait pas voir ? A-t-il trouvé ce qu'il n'aurait jamais dû trouver ? Le lendemain de sa mort, sa famille en est convaincue. Évidemment, ses enfants, son ex-épouse, son beau-père et ses demi-sœurs sont sous le choc de cette mort violente, inattendue et humiliante. Ils ne peuvent y croire et se raccrochent à la thèse du « contrat ». Pas seulement parce qu'elle est moins déshonorante pour la famille, mais parce qu'ils ont le sentiment étrange que le scénario de la maîtresse qui tue son amant sur un coup de folie ne répond pas à toutes les questions.

Les proches d'Édouard Stern ont toujours en tête les menaces dont le banquier disait faire l'objet dans les semaines et les mois qui ont précédé son assassinat. Des menaces qui l'avaient conduit à demander un port d'armes deux ans plus tôt. Au printemps 2006, bien peu dans son entourage comme dans le milieu de la haute finance internationale croient à la thèse du crime passionnel telle qu'elle est livrée au lendemain de l'arrestation de Cécile Brossard.

Michel David-Weill, beau-père d'Édouard Stern, se confie peu. En patriarche, le grand-père veille d'abord à protéger ses petits-enfants, traumatisés par le drame qu'ils ont vécu. Un drame injuste qui a privé le banquier assassiné de son statut de victime. Le latex, ses amours ténébreuses, ses colères et ses excès en tout genre ont brouillé son image.

Ceux qui connaissent bien Michel David-Weill savent que le puissant banquier n'en restera pas là. Et qu'il vengera, tôt ou tard, la mémoire de ce gendre qu'il a toujours admiré.

Un an après la mort d'Édouard Stern, ses proches ont le sentiment qu'il fallait l'éliminer à tout prix. Son tempérament excessif, imprévisible a toujours fait peur. On savait Édouard Stern capable de tout. Il pouvait laisser « fuiter » des informations dans la presse quand cela pouvait servir ses intérêts. Pourquoi est-il devenu soudainement si dangereux ?

L'idée répandue qu'il a été exécuté parce qu'il gênait est toujours tenace malgré les aveux. En mai 2005, l'avocat du financier Hugues de Lasteyrie, Me Philippe Champetier de Ribes, déclare disposer d'informations « montrant qu'il subsiste toujours des doutes sérieux sur le mobile et les circonstances exactes de cet assassinat. L'affaire Stern n'est pas si claire, enchaîne-t-il. La thèse couramment admise du crime passionnel semble de plus en plus incertaine. » Il n'est pas le seul à penser de la sorte. « Je suis convaincu que sa mort a été mise en scène pour détourner les soupçons », affirme aussi son ami Alain Dominique Perrin, administrateur de Richemont, le groupe de luxe possédant, entre autres, les marques Cartier, Montblanc, Van Cleef & Arpels. « Ce drame ne peut être qu'une vengeance », renchérit Claude Pierre-Brossolette, ancien patron du Crédit Lyonnais, qui a aidé autrefois Édouard Stern à relancer la banque familiale. Tout le monde doute. Karim Beylouni, l'un des avocats parisiens d'Édouard Stern, se souvient que son client « disait craindre pour sa vie. Il affirmait avoir été suivi à plusieurs reprises dans la rue », déclare-t-il après la mort de son client.

En 2006, un autre homme continue à avoir des doutes. Il s'appelle Jean-Louis Gergorin, ex-numéro 2 d'EADS et corbeau présumé dans l'affaire Clearstream. Convaincu que sa mort n'est pas une affaire passionnelle et qu'elle a un lien avec ces enquêtes sur Clearstream, il se tient informé de l'avancée de l'enquête.

10

Le bal des barbouzes

Les espions sont de sortie

La mort d'Édouard Stern intéresse beaucoup de monde. Dans les heures qui suivent l'annonce de sa mort, de mystérieux personnages font leur apparition à Genève. De véritables mouches du coche. Des mouches à miel qui volettent et butinent autour du dossier. Tous sont d'anciens militaires pour la plupart convertis dans le privé. Des émissaires de l'ombre, de petites et de grosses pointures qui ont en commun d'avoir participé un jour ou l'autre à des opérations militaires en Afrique. On croise d'anciens paras qui ont fait jadis les quatre cents coups aux côtés de Bob Denard. Des « affreux ». Des mercenaires qui ont gardé des contacts avec « la grande maison » et qui, comme leur chef, sont atteints d'Alzheimer quand on leur demande pourquoi ils viennent faire du tourisme à Genève. Curieusement, ces grands gaillards qui ont fait les quatre cents coups en Afrique ont la santé très fragile dès qu'ils regagnent la métropole. Sans doute des maladies tropicales... On a bien du mal à comprendre pourquoi tout ce beau monde s'intéresse soudainement à la fine pellicule de latex troué qui emballait le corps d'Édouard Stern.

Bien avant sa mort, plusieurs officines privées enquêtent déjà sur les activités d'Édouard Stern et de ses amis. Lors d'une perquisition au siège de Rhodia, les policiers vont découvrir qu'Édouard Stern et Hugues de Lasteyrie n'ont pas rêvé. Qu'ils ont bien été suivis et espionnés. Pour Stern, l'opération a même un nom de code : « Serrano ». La société de renseignement économique Egideria que dirige Yves-Michel Marti a été mandatée par le groupe chimique pour établir un dossier sur les deux hommes[1]. Le financier Hugues de Lasteyrie a affirmé devant les juges avoir été l'objet de filatures organisées par Egideria avant de faire état des menaces qui pesaient sur lui et Édouard Stern. Selon lui, le travail de cette société visait à « constituer un dossier de mœurs sur Stern pour le déstabiliser ».

Le nom d'une autre société est cité : Astarte. L'un de ses responsables, Joël Rey, a rédigé deux rapports sur Édouard Stern pour le compte de Sécurité sans frontière (SSF). On n'est plus dans la petite officine de quartier. SSF s'occupe notamment de la sécurité des expatriés et se charge de protéger les intérêts des grandes entreprises françaises. Créée en 2000 et rachetée en 2004, Sécurité sans frontière est une filiale de la Sofema, dont les principaux actionnaires sont l'État et les entreprises qui composent le complexe militaro-industriel français. Le 7 septembre 2005, *Le Canard enchaîné* révèle qu'un militaire à la retraite, le général Costedoat, l'un des fondateurs de SSF, est à l'origine de l'enquête sur Édouard Stern. Le général Costedoat n'est autre que l'ancien chef du service action de la DGSE. Il s'est mis au service des grandes entreprises françaises menacées par l'espionnage industriel, les OPA[2] hostiles et les coups tordus sur les marchés financiers. Le problème, c'est que les enquêtes qu'il réalise sur Édouard Stern sont destinées à Thierry Breton, alors PDG de France Télécom opposé à Édouard Stern dans la procédure Rhodia. Et que ce rapport vise notamment à dresser la liste de ceux qui ont intérêt à réduire le pouvoir de « nuisance » d'Édouard Stern. Des grands patrons qui s'espionnent, ce n'est pas moral mais cela n'a rien de vraiment exceptionnel.

1. *Le Monde*, 2 septembre 2005.
2. OPA : Offre publique d'achat.

De nombreuses officines vivent très bien ce petit business fort lucratif. Là, le problème est légèrement différent. Entre-temps, Thierry Breton est devenu l'un des poids lourds du gouvernement. Interrogé par *Le Canard enchaîné*, le général Costedoat minimise la portée des informations contenues dans son rapport de vingt-deux pages présenté comme une simple synthèse de ce que l'on appelle des informations « ouvertes ». « Rien sur la vie privée », assure-t-il. Le militaire affirme avoir réalisé ce travail de sa propre initiative dans le cadre d'une démarche commerciale. Une démarche commerciale qui fera tout de même l'objet d'une facture. Une facture annulée après la nomination de Thierry Breton à Bercy[1] par le patron de SSF, Frédéric Bauer...

Au printemps 2006, on entend reparler de SSF et de Frédéric Bauer. Ancien directeur de la sécurité chez Dassault, proche de Michel Roussin, ex-bras droit de Jacques Chirac à la mairie de Paris. L'entourage de Nicolas Sarkozy pense que Frédéric Bauer et SSF ont été mandatés par un « cabinet noir » pour faire espionner son patron et monter des dossiers contre le futur candidat à l'élection présidentielle. En juin 2006, *Le Point* consacre une enquête à « la République des officines ». Nicolas Sarkozy et Édouard Stern ont été espionnés par les mêmes officines. Sans doute parce qu'ils ont les mêmes ennemis. Avancer le nom de SSF, on l'a vu, revient aussi à avancer celui de la Sofema. La Sofema a absorbé la Sofremi, la société d'exportation du ministère de l'Intérieur éclaboussée par de multiples scandales. La Sofema est l'organisme officiellement mandaté par Matignon[2] et l'Élysée[3] pour négocier le contrat d'armement Miksa avec l'Arabie saoudite. Mais ce n'est pas le seul.

Le ministre de l'Intérieur, Nicolas Sarkozy, a aussi entamé une démarche pour que les négociations sur le contrat Miksa

1. Bercy : siège du ministère français de l'Économie et des Finances.
2. Hôtel Matignon : résidence du Premier ministre de la France.
3. L'Élysée : résidence du président de la République française.

aboutissent. Dès son arrivée au ministère de l'Intérieur, en 2002, il écrit un courrier au prince... pour lui préciser que l'interlocuteur habilité à représenter les intérêts français sera Civipol Conseil, la société de service et de conseil du ministère français de l'Intérieur. « C'est réseau contre réseau », écrit Hervé Gattegno dans *Le Monde* (5 décembre 2005). Villepinistes et sarkozystes s'opposent violemment en coulisse. À deux ans des présidentielles, Miksa aiguise les appétits des intermédiaires toujours omniprésents et alléchés par ce type de contrats. Chaque camp est à la manœuvre. Tout se passe à Genève. Les contrats qui fixent les clefs de répartition des rétrocommissions aux intermédiaires français et saoudiens font l'objet d'âpres discussions. Édouard Stern est-il lui aussi à la manœuvre pour aider son ami Nicolas Sarkozy à décrocher Miksa ? Le banquier a de puissants relais. Seule certitude, les adversaires du ministre de l'Intérieur sont convaincus qu'Édouard Stern est l'un des grands argentiers du candidat à l'élection présidentielle. Ce qui fait une raison de plus de lui en vouloir. Une raison de plus de lui coller aux basques les officines chargées de déstabiliser Nicolas Sarkozy. Les deux hommes sont la cible d'un seul et même « cabinet noir ».

Chaque camp soupçonne l'autre de vouloir mettre la main sur les commissions occultes dégagées par ce contrat pour financer l'imminente campagne présidentielle de 2007. Des sommes faramineuses. Lors de l'affaire Elf, Loïk Le Floch-Prigent avait indiqué qu'en matière d'armement les pots-de-vin pouvaient représenter jusqu'à 25 %[1] du montant des marchés. Miksa, c'est 7 milliards de dollars et plus de 900 milliards d'euros de commission.

1. Dans son livre *L'Affaire Elf, affaire d'État*, Le Cherche Midi éditeur, 2001. Loïk Le Floch-Prigent explique : « Je sais, concernant les opérations d'armement, que les commissions sont de l'ordre de 25 % à hauteur du marché contre 2,5 % dans le pétrole. »

Le contrat Miksa

Le 8 juillet 2002, à peine arrivé au ministère de l'Intérieur, Nicolas Sarkozy adresse un courrier à son homologue saoudien, le prince Nayef Ben Abdel Aziz. « Monsieur le Ministre : Au moment où je prends mes fonctions de ministre de l'Intérieur, de la Sécurité intérieure et des Libertés locales [...], je tenais à confirmer à Votre Altesse Royale l'intérêt du gouvernement français pour la réalisation du projet Saudi Border Garde Défense Program et à lui confirmer que celui-ci apportera sa garantie à la bonne exécution du contrat qui doit être signé entre le groupe Thales, maître d'œuvre industriel, et le gouvernement saoudien. Le contrôle de la bonne exécution de ce contrat sera assuré par la société Civipol Conseil, société de service et de conseil du ministère français de l'Intérieur [...]. Ainsi, je propose à Votre Altesse Royale de signer avec elle dès qu'elle le souhaitera l'accord de coopération préparé par nos services [...]. »

Les auteurs de *Place Beauvau, la face cachée de la police*[1] révèlent les coulisses de ces tractations secrètes. En 2002, Nicolas Sarkozy « missionne » Claude Guéant et Brice Hortefeux, directeur de cabinet, celui-là même qui a obtenu un port d'armes pour Édouard Stern pour négocier avec l'Arabie saoudite le contrat qui traîne dans les placards depuis quinze ans. Quelques mois plus tard, Maurice Gourdaul-Montagne, l'homme de Villepin et de Chirac, s'envole à son tour pour Riyad afin de couper l'herbe sous le pied de Nicolas Sarkozy. Le ministère de l'Intérieur et le ministère de la Défense avancent chacun leurs pions. Et toujours l'ombre de la prochaine présidentielle... Lors de leur perquisition au domicile du général Rondot, le 24 mars 2006, dans l'affaire Clearstream, les juges Jean-Marie d'Huy et Henri Pons ont saisi une note qui les

1. Jean-Michel Décugis, Christophe Labbé, Olivia Recasens, *Place Beauvau, la face cachée de la police*, Robert Laffont, 2006.

intrigue : « La filière Sarkozy : Brice Hortefeux (trésor de guerre selon le dir-cab) ».

Depuis l'adoption de la convention de l'OCDE[1], imposée en 1997 contre la corruption en matière de ventes d'armes, les commissions empruntent des circuits particulièrement sophistiqués. Les opérations deviennent quasiment invisibles. Les magistrats qui traquent les bénéficiaires se perdent dans un fouillis de labyrinthes. Les rémunérations se font sur les marchés financiers. Les intermédiaires investissent en Bourse sur une valeur « bidon » dont on va faire artificiellement bondir le cours. Ce système repose sur des manipulations comptables et boursières recherchées. « Les Américains sont les plus forts pour ce genre d'exercice. C'est très compliqué, explique un broker. Ils font cela sur le Nasdaq, le marché new-yorkais des nouvelles technologies. Ils créent des coquilles vides qui servent de véhicules. L'entreprise qui doit verser la commission investit dans des titres qui, eux, vont mystérieusement dégringoler. Ni vu ni connu ! »

Tout se joue à Genève. L'un des intermédiaires qui conduit les tractations secrètes avec l'Arabie saoudite s'appelle Alexandre Djouhri.

Ce Franco-Algérien de quarante-neuf ans qui a grandi à l'ombre des réseaux Pasqua s'est imposé comme l'un des intermédiaires incontournables sur tous les grands marchés passés au Proche et au Moyen-Orient. Il possède un appartement rue de l'Athénée. Mais lorsqu'il est à Genève il séjourne à l'hôtel Richemond.

Très proche de Maurice Gourdault-Montagne, conseiller diplomatique de Jacques Chirac, Alexandre Djouhri a été imposé par l'Élysée pour « accompagner » de grands contrats d'armement au Maghreb et au Moyen-Orient. Sans grand succès

1. Organisation de coopération et de développement économique.

jusqu'à présent, puisqu'il est en partie derrière l'échec du méga-contrat Miksa.

Pour comprendre le climat de suspicion qui règne autour de l'affaire Stern, il faut en rappeler le contexte. Les rivalités politiques n'expliquent pas tout. En 2004, les milieux financiers soupçonnent Édouard Stern d'être derrière le fonds de pension américain Knight Vinke qui demande la scission du groupe Suez, en deux activités : eau et énergie. En 2006, on reparle de Suez mais il n'est plus question de scission mais de fusion cette fois-ci. Le projet est présenté par le ministre de l'Économie, Thierry Breton, qui propose de réunir Suez et Gaz de France au sein d'une même entité. Dominique de Villepin est une nouvelle fois en première ligne. La proposition du ministère des Finances est une réponse à ses discours sur le « patriotisme économique ». La France est accusée de protectionnisme. Depuis deux ans, le gouvernement réfléchit aux moyens à mettre en œuvre pour défendre les « secteurs vitaux ». Objectif : renforcer le capital des grandes entreprises privées et publiques pour éviter qu'elles ne passent sous le contrôle d'investisseurs étrangers pouvant être associés à des *raiders* (prédateurs) tels qu'Édouard Stern. Le gaz et l'électricité – donc Suez – appartiennent au secteur sensible de l'énergie considérée comme stratégique.

Thierry Breton, ennemi d'Édouard Stern depuis l'épisode Rhodia, a été chargé d'examiner avec la Caisse des dépôts et consignations comment l'État peut « augmenter significativement ses placements en actions » pour consolider l'actionnariat des entreprises du CAC 40[1]. Un nouveau cap est pris.

1. Le CAC 40 est le principal indice boursier sur la place de Paris. Créé par la Compagnie des agents de change, il est déterminé à partir des cours de quarante actions cotées en continu sur le Premier Marché parmi les cent sociétés les plus capitalisées sur Euronext Paris.

« Big Moustache »

Dès le début de l'affaire Stern, de mystérieux personnages sortent du bois. Big Moustache connaît bien les rouages des services de renseignements français. Pendant des années, il a été au cœur du pouvoir. Un officier discipliné prêt à accomplir les missions les plus dangereuses et les plus inavouables. Un passé sulfureux.

Big Moustache s'est converti dans le privé tout en gardant un pied dans la « grande maison ». Son emploi du temps se partage entre Londres, Genève, Paris et les grandes capitales africaines. Les conditions dans lesquelles Édouard Stern a été tué ont éveillé sa curiosité. L'homme est discret et ne veut pas donner de détails sur le mandat qui lui a été confié. Seule certitude, la piste des énormes rétrocommissions versées dans les marchés d'armement et les ventes de pétrole le conduisent à l'environnement du banquier. Dès le début, il ne croit pas au crime commis par Cécile Brossard mais penche plutôt pour un « contrat ». Hypothèse que privilégient les enquêteurs extérieurs à l'affaire et les membres des services de renseignements français.

Automne 2005. Hôtel d'Angleterre à Paris. Big Moustache est enfoncé dans un fauteuil club en cuir marron. « Faites attention, c'est un dossier dangereux ! » prévient-il d'emblée. Il livre des pistes. Il faudra attendre plusieurs mois pour que la confiance s'installe et que l'homme fournisse quelques-unes des clefs du gigantesque puzzle politico-financier qui sert de décor à l'affaire Stern.

Printemps 2006. Genève. Le jet d'eau qui s'élève sur la rade de Genève est porté par le vent. Big Moustache a ses habitudes. Une verveine avec un nuage de lait à l'une des tables du très sélect Arthur's, un bar de la rue du Rhône. Big Moustache est plus précis : les hommes que côtoyait Édouard Stern à Genève, Paris et Londres sont au cœur des scandales qui ont éclaboussé le sommet de l'État français ces dernières années. La proximité d'Édouard Stern avec des intermédiaires en vente d'armes et des financiers directement liés au système de préfinancement sur les ventes de pétrole le conduit à penser que le procès qui se dessine risque fort d'embarrasser le monde politique français. Un sentiment qui fait écho aux confidences lâchées par tous ceux qui, suffisamment proches de l'enquête, en investiguant sur le meurtre ont eu à connaître des dossiers traités par Édouard Stern. Big Moustache a-t-il un intérêt à jouer les manipulateurs dans cette enquête ? Sa proximité avec le pouvoir peut de toute évidence le conduire à privilégier l'un ou l'autre des clans qui s'affrontent au sommet de l'État français dans la course à l'Élysée. Les élections sont fixées à 2007. Les informations fournies par Big Moustache se vérifient la plupart du temps.

Dès le début de l'affaire, il évoque le rôle joué à Genève par Alexandre Djouhri, l'intermédiaire proche de l'Élysée et de Dominique de Villepin. Les informations qu'il livre filtrent au fil des mois dans les journaux français qui commencent à consacrer des articles et des enquêtes à l'un des hommes les plus mystérieux de la Chiraquie. Alexandre Djouhri refuse toute rencontre. Joint par téléphone, l'un de ses proches répond à sa place : « C'est vous qui avez essayé de le joindre à son hôtel ? Laissez-le. Il ne connaissait pas Édouard Stern. C'est une manipulation. Il y a plein de choses fausses qui circulent sur le compte de monsieur Djouhri. »

Autre personnage de l'ombre influent cité par Big Moustache : Patrick Maugein un homme d'affaires français corrézien proche du président de la République et mis en cause dans le scandale « Pétrole contre nourriture ». Big Moustache prétend que les affaires d'Édouard Stern croisent celles d'Alexandre Djouhri au Proche et Moyen-Orient et de Patrick Maugein au Congo-Brazaville. Le nom de ces deux hommes figure d'ailleurs sur les notes saisies au printemps 2006 chez le général Rondot par les juges Jean-Marie d'Huy et Henri Pons dans le cadre de l'affaire Clearstream.

« Cité par DDV[1] Michel Roussin, pro-Nicolas Sarkozy Alexandre Djouhri. Aucun système branché sur le président de la République. Le rôle de Patrick Maugein. Action trouble de Me Szpiner. DDV insiste sur le croisement des réseaux en dehors des clivages politiques. DDV demande de démonter le système et d'explorer la nature des relations pour comprendre les opérations qui sont énumérées – travail historique à faire. »

Big Moustache n'est pas le seul à se focaliser sur Alexandre Djouhri. Genève, vieille ville, dans les locaux sombres d'une officine de renseignements privés. Sur le bureau, une note des services de renseignements suisses. Juste la permission de la lire mais pas de l'emporter ni de la photocopier. Visiblement, l'homme n'a pas que des amis. Et ses affaires au Proche-Orient intéressent beaucoup de monde.

Un « chiraquien de l'ombre »

Installé à Genève, Alexandre Djouhri est un « chiraquien de l'ombre[2] » proche de Dominique de Villepin et des officines qui font tant parler d'elles au printemps 2006.

Né le 18 février 1959 à Saint-Denis, en banlieue parisienne, Alexandre Djouhri appartient à une famille d'immigrés algériens. C'est un gosse des « cités », aujourd'hui à la tête d'une fortune estimée à plusieurs centaines de millions d'euros. Détenteur de sept passeports diplomatiques, il est devenu un intermédiaire incontournable dans tous les grands marchés au Proche et au Moyen-Orient. Comment Alexandre Djouhri s'est-il hissé au sommet du pouvoir ? Comment le petit Algérien de Saint-Denis est-il devenu l'ami des puissants, proche de Claude Chirac[3] et de Dominique de Villepin, d'Henri Proglio, incontournable grand patron du groupe Veolia, et des dirigeants d'EADS, parmi lesquels Jean-Louis Gergorin ?

1. DDV : Dominique de Villepin.
2. *Libération*, 2 décembre 2005.
3. Claude Chirac, fille du Président français Jacques Chirac.

Le parcours de ce « chiraquien de l'ombre » est pour le moins atypique. Des « notes blanches »[1] émanant de plusieurs services de renseignements français et suisses circulent depuis deux ans. Les informations qu'elles contiennent sont à prendre avec beaucoup de précautions. Certaines se vérifient, d'autres non. Elles peuvent en effet servir à « intoxiquer » l'adversaire...

Le parcours du Franco-Algérien n'en demeure pas moins sinueux. Il passe par Genève, ville dans laquelle il possède un pied-à-terre même s'il vit la plupart du temps dans un grand palace de la rive droite à Paris. Alexandre Djouhri côtoie les Corses Jean-Baptiste Andreani et André Tarallo (Elf). On le retrouve, dans la cité de Calvin, comme directeur de Direct Investment Management DIM SA. Radiée du registre du commerce le 8 décembre 2000, cette société avait pour but l'étude de marchés, les conseils de placements directs, les prises de participation, les courtages et prises de concession dans le domaine des matières premières, plus particulièrement les produits pétroliers et dérivés.

Alexandre Djouhri, homme de petite taille ne portant que des costumes de grands couturiers, toujours une cigarette à la bouche, est un fidèle des réseaux Elf. On le croise également chez Adremis, autre société genevoise proche du groupe pétrolier. En France, son nom est associé à celui d'une autre entreprise, Concorde International, située à quelques mètres du siège de l'UMP à Paris, rue de La Boétie. Concorde International est contrôlée par le milliardaire saoudien Gaith Pharaon[2], ancien associé d'Edmond Safra dans la Bank of New York.

1. Dans le jargon du renseignement, les « notes blanches » signifient qu'elles ne sont pas officielles. Lesdites notes ne sont pas signées et ne sont pas rédigées sur du papier à en-tête de l'administration.

2. Gaith Pharaon a été l'un des actionnaires de référence de la Bank of Credit and Commerce International (BCCI). La BCCI est une banque du Moyen-Orient basée au Luxembourg qui connaît une faillite retentissante en 1991. Elle a été associée à diverses activités criminelles, en particulier le blanchiment d'argent au profit des cartels colombiens de la cocaïne.

L'existence même de ce personnage, bien introduit au plus haut niveau de l'État, sera révélée au grand public à l'issue d'une bagarre survenue dans une suite de l'hôtel George V à Paris. Décembre 2004. Une réunion entre respectables hommes d'affaires tourne au pugilat. Alexandre Djouhri s'en prend à Emmanuel Petit et à Ayachi Ajroudi, chef d'entreprise tunisien. La dispute éclate à propos d'opérations financières concernant le groupe Veolia. Cinq jours auparavant, Emmanuel Petit a mis en cause le député Alain Marsaud, ancien juge antiterroriste, Alexandre Djouhri et Henri Proglio, PDG de Veolia dans une tentative d'extorsion. Éméché et très énervé, Alexandre Djouhri est venu faire le coup de poing dans une suite de ce palace qu'il fréquente régulièrement. À l'origine du contentieux, la vente par Vivendi Universal d'une partie des actions qu'elle détient dans Veolia Environnement. « Un coup inattendu [1] », initié par Henri Proglio et Jean-René Fourtou, PDG de Vivendi Universal, l'un des anciens dirigeants de Rhodia, mis en cause par Édouard Stern.

Intermédiaire sur les marchés de l'eau et du pétrole, Alexandre Djouhri est aussi un entremetteur incontournable sur les marchés de l'armement. En mars 2006, il accompagne Jacques Chirac lors de son déplacement à Riyad, en Arabie saoudite, pour aider les entreprises françaises à décrocher le contrat Miksa. À cette époque, Bernard Squarcini, ex-numéro deux des RG et préfet des Bouches-du-Rhône, un proche de Nicolas Sarkozy, intervient dans la presse pour défendre Alexandre Djouhri [2]. Bernard Squarcini devient le témoin de moralité de l'homme d'affaires proche de la présidence de la République. Il confirme qu'« Alexandre Djouhri a fait l'objet de plusieurs demandes d'enquête émanant soit de hautes autorités nationales soit de la part de certains services étrangers ». Mais

1. *Le Figaro*, 17 décembre 2004.
2. *Intelligence Online*, 10 février 2006.

s'empresse d'ajouter : « Sur le fond, rien de défavorable n'a pu être démontré concernant l'intéressé et aucun élément lié au terrorisme, grand banditisme ou blanchiment n'a pu être mis en exergue. [1] » Selon une note des services de renseignements suisses, Alexandre Djouhri était également proche de Jack Sigolet, ancien patron de la FIBA (la banque d'Elf), domicilié lui aussi à Genève.

Didier Schuller prétend que c'est l'un des hommes qu'on lui a recommandés de rencontrer à Genève en 1995 lorsqu'il a pris la fuite pour échapper à la justice [2].

Le conseiller général RPR a expliqué qu'il était de ceux, avec l'avocat de Jacques Chirac, Me Francis Szpiner, qui lui avaient conseillé de se mettre au vert aux Bahamas. Alexandre Djouhri ferait partie du fameux « cabinet noir » qui fait beaucoup parler dans les dîners parisiens en cette période précédant l'élection présidentielle de 2007.

Les autres faits d'armes de ce « cabinet noir » ? En mai 2006, paraît le livre de Michel Roussin *Le Gendarme de Chirac* [3]. L'ancien chef de cabinet de Jacques Chirac à la mairie de Paris et ancien ministre de la Coopération révèle qu'en novembre 2001 Dominique de Villepin et Francis Szpiner – encore lui – l'encouragent à prendre contact avec Genève pour qu'on organise sa fuite. Il vient d'être avisé de l'imminence de son arrestation dans l'affaire du financement du RPR qui a coûté son éligibilité à l'ancien premier ministre Alain Juppé.

Dans n'importe quelle autre démocratie, de telles révélations feraient tomber un gouvernement ou obligeraient au moins les protagonistes à s'expliquer. En ce printemps 2006, les poubelles de la République sont vidées sur la voie publique. Le Premier

1. *Intelligence Online*, 10 février 2006.
2. Didier Schuller, ex-conseiller général RPR, avait été poursuivi dans l'affaire des HLM de Paris et condamné. Déclaration faite lors de son procès le 21 juin 2005.
3. Michel Roussin, *Le Gendarme de Chirac*, Albin Michel, 2006.

ministre est accusé d'avoir encouragé un ancien ministre à prendre la fuite pour échapper à la justice. Cela ne surprend même plus personne. Franz-Olivier Giesbert vient de publier *La Tragédie du Président*[1], un vrai succès de librairie. C'est plutôt la tragédie d'un pays. Les Français apprennent chaque jour un peu plus. Le 9 mai 2006, lors d'un meeting organisé à Nîmes, en pleine affaire Clearstream, Nicolas Sarkozy dénonce « les misérables machinations organisées par les officines et les apprentis comploteurs ». Il vise ceux qui ont ajouté son nom sur les faux listings de Clearstream, organisé l'explosion de son couple... et sali la mémoire de son ami Édouard Stern.

Le rendez-vous secret de Cannes

L'omniprésence des services secrets a de quoi intriguer. D'autant qu'une autre information filtre. Édouard Stern aurait rencontré Pierre Brochand, patron de la DGSE, quelques mois avant d'être tué à Genève. L'existence de ce rendez-vous n'a jamais été mentionnée ni même confirmée à ce jour.

La rencontre aurait eu lieu à Cannes en 2004. L'information est donnée par « Bob ». « Gorge profonde » a un fort accent méridional. L'homme fournit quelques détails. Il évoque des entrevues en mairie avec Bernard Brochand, député-maire de Cannes, le frère de Pierre Brochand. Il évoque un déjeuner au restaurant Bijou-Plage à l'est de la ville, juste à côté de Port Canto, où sont amarrés quelques magnifiques yachts. Le restaurant Bijou-Plage est tenu par deux sœurs. L'établissement, situé sur la plage éponyme, est très prisé des Cannois et des touristes ; l'ambiance y est très familiale et l'on y déguste quelques spécialités comme l'omelette à la piperade, la pissaladière ou les poissons fraîchement pêchés arrosés de côtes-de-provence, avant de s'étendre sur les transats. C'est effectivement la cantine

1. Franz-Olivier Giesbert, *La Tragédie du Président*, Flammarion, 2006.

de la famille Brochand. C'est l'endroit qu'aurait choisi Édouard Stern pour rencontrer le patron de la DGSE. Pourquoi le banquier serait-il entré en contact avec Pierre Brochand ?

Est-ce pour évoquer les mêmes menaces qui l'ont déjà conduit à demander un port d'arme à Nicolas Sarkozy ? Est-ce pour faire pression sur l'État et trouver une issue dans son contentieux avec Rhodia ? Ou bien est-ce lié aux délicates tractations en cours à Genève autour du contrat Miksa ?

Ancien diplomate, proche de Jacques Chirac, Pierre Brochand occupe un poste sensible. À l'époque où a lieu cette rencontre, Édouard Stern ferraille tous azimuts pour récupérer l'argent perdu dans Rhodia. Il sait que Sécurité sans frontière, société de renseignements proche de la DGSE, mène une enquête sur lui.

Pierre Brochand, lui, est pris entre deux feux. À l'approche des élections présidentielles, Nicolas Sarkozy veut placer un homme à lui à la tête de la DGSE. Le ministre de l'Intérieur n'a pas confiance en l'équipe en place. Il la trouve trop proche de Jacques Chirac et de Dominique de Villepin. Il soupçonne les militaires d'avoir ourdi un complot contre lui avec l'aval du Premier ministre. C'est l'affaire Clearstream. Une affaire d'État comme on en voit fleurir avant chaque élection présidentielle.

Par deux fois, le maire de Cannes va démentir l'existence d'un quelconque rendez-vous avec Édouard Stern. Au début de l'année 2006, son directeur de cabinet à la mairie de Cannes assure qu'il n'y a jamais eu le moindre contact. Nouvelle tentative en mai. L'attaché parlementaire de Bernard Brochand à l'Assemblée nationale conteste à nouveau l'information :

> « Paris, le 7 juin 2006
> Bonjour Monsieur,
> M. Brochand tient, suite à votre e-mail en date du 17 mai, à vous faire savoir qu'il n'a jamais rencontré M. Stern à

Cannes avant son décès comme vous sembliez l'affirmer dans votre courrier.

Vous en souhaitant bonne transmission,

Bien cordialement,

David-Hervé Boutin

Attaché parlementaire de M. Brochand »

Si ce rendez-vous avec Pierre et Bernard Brochand a réellement existé, pourquoi le nier ? L'information relève-t-elle du secret défense ? Quelqu'un ment.

Une certitude, Édouard Stern n'est pas indifférent à ce qui se passe à Cannes et notamment du côté de la Croix des Gardes, sur les hauteurs de la ville. Est-il intéressé par les projets immobiliers qui s'y développent ? Il n'est pas le seul. Parmi les investisseurs engagés dans l'opération : des filiales du groupe Vinci. Le frère de l'homme d'affaires iranien Adnan Khashoggi y possède aussi une propriété. Si l'on se rapproche d'Adnan Khashoggi, un intermédiaire en vente d'armes, proche des réseaux Pasqua, on se rapproche aussi du multimilliardaire irako-britannique Nadhmi Auchi [1].

En 2005, Nadhmi Auchi est courtisé par tous ceux qui veulent faire des affaires dans l'Irak d'après Saddam.

1. Nadhmi Auchi a été mis en cause dans l'enquête sur les investissements d'Elf en Espagne (affaire Ertoil) et visé par un mandat d'arrêt international. Proche d'Alfred Sirven, il a été l'un des destinataires des commissions versées par le groupe pétrolier.

11

Destins croisés

L'ami de Sarkozy

L'un est ministre. L'autre est banquier. L'un et l'autre sont animés par la même ambition. Nicolas Sarkozy fait carrière dans la politique. Édouard Stern, dans la finance. Une course vers le pouvoir pour le premier. Un sprint dans les coursives du CAC 40 pour le second. Le jour où ces deux-là se croisent, ils comprennent vite tout l'intérêt qu'ils ont à se côtoyer. Édouard Stern est fasciné par le pouvoir. Nicolas Sarkozy ne déteste pas avoir des amis riches et influents dans son entourage. Le financier et l'homme politique connaissent des moments difficiles qui les rapprochent. Difficiles pour Nicolas Sarkozy en 1995, juste après la défaite d'Édouard Balladur. De même pour Édouard Stern en 1997, après son éviction de la Banque Lazard. Les deux hommes se retrouvent coincés sur une arête, obligés d'en redescendre pour reprendre leur ascension. Le PDG de L'Oréal, Lindsay Owen-Jones, prédit à Édouard Stern et à Nicolas Sarkozy : « L'un et l'autre, vous reviendrez très forts. » Les deux feront en effet la une des journaux, mais pas de la même manière...

Sarkozy et Stern affichent la même défiance à l'égard de leurs pairs. Édouard Stern a tout sacrifié à son ambition pour devenir le banquier le plus puissant de sa génération. On murmure qu'il aurait d'abord écarté son père de la direction de la banque familiale et essayé ensuite d'en faire de même avec son beau-père, le tout puissant patron de la Banque Lazard. En vain. Nicolas Sarkozy a aussi tenté d'écarter le « grand », celui qui lui a mis le pied à l'étrier en politique : Jacques Chirac.

En 1995, il choisit Édouard Balladur plutôt que Chirac, alors seul et isolé. Un mauvais choix qu'il paye au prix fort. Il traîne comme un boulet l'image du traître. *Les Guignols de l'info* pousseront la caricature en montrant sa marionnette prête à donner des coups de couteau dans le dos de Chirac. L'homme s'en relève et passe outre cet échec grâce à une volonté hors du commun. L'adversité le renforce. De même pour Édouard Stern. À défaut de devenir le banquier le plus puissant, il devient l'un des financiers les plus ingénieux de son époque. Dans le milieu très fermé de la haute finance, généralement avare de confidences, on lui reconnaît un génie et un talent unique dans les montages sophistiqués qui doivent couvrir les opérations boursières les plus audacieuses.

Édouard Stern et Nicolas Sarkozy cultivent aussi les mêmes inimitiés au sommet du pouvoir. Ils marchent côte à côte sur la même ligne de front. En face, le clan Chirac-Villepin, replié sur ses positions, avec ses barons qui jouent de l'artillerie lourde pour contrer l'offensive du « Napoléon au petit pied » et de son armée des ombres. Édouard Stern y trouve un défi à sa mesure. Ceux qui tiennent la citadelle sont ses ennemis de toujours. Des apparatchiks de la politique et de la finance dont il ne supporte plus la médiocrité et le manque d'ambition. Ce n'est sans doute pas un hasard si, au début 2005, les deux hommes ont les mêmes préoccupations. Ils se savent espionnés. « Sarkozy sur écoute... », titre *Le Canard enchaîné* le 23 mars 2005. Moins d'un mois après la mort d'Édouard Stern, l'entourage du président de l'UMP raconte que le Château a missionné des officines spécialisées pour monter des dossiers contre Sarkozy. Ce sont les mêmes officines qui ont été chargées, quelques mois plus tôt, d'enquêter sur le banquier exilé à Genève.

Jacques Pilhan

Édouard Stern aime le pouvoir et les hommes de pouvoir. Il est fasciné par les esprits vifs et intelligents. Un jour, un ami lui présente Jacques Pilhan, le conseiller en communication de Mitterrand puis de Chirac. Forcément, le courant passe entre les deux hommes. Jacques Pilhan est doté d'une intelligence peu commune. Édouard Stern, qui déteste la médiocrité, trouve là un personnage à sa mesure.

La trajectoire de Jacques Pilhan a de quoi impressionner. Quand il débarque à Paris à la fin des années 1960 en provenance de son Aquitaine natale, il n'a pour ainsi dire pas grand-chose : une petite expérience de communicant pour un exploitant de vin, un compte en banque dégarni et aucun diplôme. Mais il a pour lui un vrai talent au poker, qui lui permet de gagner quelques subsides, et une soif de reconnaissance dévorante. Édouard Stern, lui aussi amateur de poker, apprécie ce *self-made-man.*

Jacques Pilhan est devenu le conseiller en communication des puissants. Il a appris aux politiques à maîtriser les médias. Au lieu de répondre aux sollicitations des journalistes, c'est l'homme politique qui choisit quand et où il veut s'exprimer. Une vraie complicité se noue entre Jacques Pilhan et Édouard Stern. Un ami du banquier se souvient de déjeuners à L'Auberge d'Hermance, nichée dans un village médiéval à quatorze kilomètres de Genève. Une adresse réputée. Un grand classique de la cuisine haut de gamme à Genève. L'une des spécialités : le poulet en croûte de sel. « C'était un feu d'artifice d'intelligence. C'était écrit dans le ciel que ces deux-là allaient s'entendre », raconte-t-il.

Jacques Pilhan ne manque pas d'évoquer lors de ses rencontres avec le banquier les querelles entre lui et le secrétaire général de l'Élysée, Dominique de Villepin. « Un grand con », dit Pilhan. Il confie à Édouard Stern ses regrets de ne pas avoir su convaincre le président de la République de renoncer à dissoudre l'Assemblée nationale en 1997. Jacques Pilhan est mort en 1998 à l'âge de cinquante-quatre ans. Le financier a été très affecté par sa disparition.

Des amis à gauche aussi

Édouard Stern fréquente des ministres aussi bien de droite que de gauche. Toujours l'attrait du pouvoir. Dès lors qu'ils font partie d'une élite, qu'elle soit politique, économique ou artistique, le contact de ses semblables lui semble supportable. Le socialiste dont il est le plus proche est l'ancien Premier ministre de François Mitterrand, Laurent Fabius. Dans les années 1990, les deux hommes se retrouvent même à passer des vacances en famille sur l'île de Beauté. Les enfants jouent ensemble. « Cette proximité le flattait », raconte l'un des anciens associés d'Édouard Stern.

En globe-trotter, il se trouve également beaucoup d'affinités avec l'ancien ministre des Affaires étrangères Hubert Védrine. Le banquier rencontre un homme intelligent et raffiné avec qui il peut disserter sur l'état du monde, la géopolitique et la diplomatie.

Dans les années 1980, le premier cercle de la Mitterrandie lui ouvre ses portes. Le banquier deviendra plus tard l'un des discrets mécènes de la Fondation Mitterrand. Dans le carnet d'adresses d'Édouard Stern figurent les noms et les numéros de téléphone de tous les ministres des Finances qui se succèdent à Bercy. Parmi eux, Dominique Strauss-Kahn, avec qui il partage une passion pour la peinture et l'art en général.

12

La galaxie Stern

Un tempérament de feu

« Il avait beaucoup de charme. Il était presque irrésistible. Lorsqu'il entrait dans une pièce il retenait l'attention de tout le monde », se souvient l'un de ses amis d'enfance, David Braunschvig[1]. Édouard Stern fascine. Intellectuellement, c'est un homme vif. Son charisme impressionne : « Il avait un côté soleil : charmeur, cultivé, un des personnages les plus intelligents que j'aie rencontrés. Mais, soudainement, lorsqu'on lui résistait, le côté noir l'emportait avec des accès de fureur », raconte Jean Peyrelevade, ancien patron de la Banque Stern. « Il y avait chez lui quelque chose de romanesque, d'outrepassé, qui amène à se dire qu'il était destiné peut-être plus que d'autres à une fin brutale », dira Michel David-Weill[2]. C'est là l'un des rares commentaires que fera le beau-père d'Édouard Stern après sa mort.

« Édouard avait deux faces, observe Alexandre Koifmann, l'un de ses associés au sein d'IRR. Dans sa vie privée, au déjeuner, au dîner, il était charmant, plein d'esprit – le parfait intellectuel français. Il pouvait partir sur des discussions concer-

1. *Vanity Fair*, juillet 2005.
2. Martine Orange, *Ces messieurs de Lazard*, Albin Michel, 2006.

nant l'art moderne, la musique ou la littérature, mais il avait une autre face de son caractère... » L'autre face qui va terroriser ses subordonnés. « Il était la personne la plus intolérante face à la stupidité que j'ai jamais rencontrée », rapporte Jeffrey Keil. Les anecdotes concernant les coups de sang et les colères d'Édouard Stern ne manquent pas. Jeffrey Keil se souvient d'un repas, dans sa résidence d'Amagansett dans l'État de New York, en famille avec Béatrice et ses enfants, en 1998. La France vient de gagner la Coupe du monde. La presse suggère que les Bleus ont gagné grâce à un mauvais arbitrage. L'un des invités ose abonder dans le sens du journaliste. Édouard explose. « C'est le commentaire le plus stupide que j'aie jamais entendu. Comment pouvez-vous parler de ce que vous ne connaissez pas ? » hurle-t-il. Tout le monde est pétrifié. Béatrice, son épouse, tente de le ramener au calme. « Il était comme ça. Il pouvait être cassant avec quelqu'un et ensuite prendre un café à côté de cette même personne, engager la conversation sur un autre sujet et être complètement respectueux », poursuit Jeffrey Keil qui, même s'il reconnaît ses qualités, n'hésite pas à qualifier Édouard Stern de « désastre social ». « Dans son environnement professionnel, ce qu'il ne pouvait pas accepter, c'était la stupidité et la médiocrité, se souvient Alexandre Koifmann. Si vous lui disiez avoir fait quelque chose et que vous ne l'aviez pas fait, il pouvait péter un câble et passer de zéro à Godzilla comme ça. C'était très désagréable. Il pouvait virer quelqu'un sur un caprice. Il pouvait entrer dans un excès de colère et vous traiter de pauvre débile ou d'idiot. »

Des coups de sang qui ressemblent souvent à des caprices d'enfant gâté. Édouard Stern finit toujours par s'excuser. Ceux qui assistent à ces scènes en sortent pétrifiés. Au sein d'IRR, les « engueulades » sont fréquentes. Édouard peut licencier une équipe du jour au lendemain. Des anciens de la Banque Safra qu'il avait récupérés chez IRR en font les frais. « Quand il voulait quelque chose, c'était tout de suite, sur-le-champ. Il pouvait demander des trucs incroyables qui représentaient des heures de travail pour la minute qui suivait. Si l'on manifestait la moindre saute d'humeur, il pouvait ajouter : "Vous êtes tous mes esclaves, exécutez-vous !" », raconte un employé d'IRR. Ces terribles colères lui jouent des mauvais tours. Dans le petit milieu de la haute finance, on prétend qu'il a perdu ses meilleurs éléments, partis travailler pour d'autres employeurs moins caractériels.

Édouard Stern déteste que les choses ne se passent pas comme il le souhaite. Les anecdotes ne manquent pas. Quand Stern ne se déplace pas à travers le monde avec son jet *Gulf Stream*, la trente-huitième fortune de France utilise les services de la compagnie Jet Airways, qui propose des vols Paris-Genève et Paris-Nice. À chaque fois, les pilotes redoutent de le voir arriver. Édouard Stern porte toujours une arme sur lui. C'était la source de multiples incidents parce qu'il refusait de sortir ses munitions du chargeur comme l'exige la réglementation aérienne.

Les raids

Édouard Stern n'a pas froid aux yeux. En 1987, il tente de prendre le contrôle de la Banque Rivaud. Un établissement qui gère les intérêts du RPR. C'est le branle-bas de combat. Il ose se lancer à l'assaut d'une des citadelles de la Chiraquie. L'héritier de la Banque Stern a, à ses côtés, Jean Peyrelevade, ancien directeur de cabinet de Pierre Mauroy, qui vient de le rejoindre. Le coup est audacieux. Stern s'associe à Carlo de Benedetti, le milliardaire italien, et à Dominique de La Martinière, président de Gaz et Eaux, l'une des sociétés de la galaxie Lazard.

Le banquier est alors âgé de trente-trois ans. Il a succédé à son père à la direction de la banque familiale quelques années plus tôt. Il est désormais aux manettes. L'homme ne fixe pas de limites à ses ambitions. Il fait peur. Rien ne semble pouvoir l'arrêter. Sa montée en puissance dérange l'*establishment*. Édouard Stern va devoir faire marche arrière. La place financière se ligue contre lui. En coulisse, le RPR met la pression pour que le banquier échoue dans sa tentative de prise de contrôle de Rivaud. Un épisode que rapporte la journaliste Martine Orange[1] : « La banque Rivaud détient les grands et petits secrets des finances du parti de Jacques Chirac et de ses dirigeants. » Les gardiens de la Chiraquie n'ont aucune envie de voir le jeune et aventureux banquier récupérer les clefs du coffre de la maison mère, dont le siège se trouve à l'époque rue de Lille à Paris. Stern n'est pas gaulliste et encore moins chiraquien. La maison est bien gardée. Stern aura d'autres occasions de s'en apercevoir.

Il est aussi de l'équipée qui participe au raid manqué contre la Générale des eaux, autre bastion industriel proche du RPR. Là encore, la porte reste fermée. Mais Stern ne renonce jamais. Dans son enfance, il a appris à passer par l'escalier de service. Dans la finance, c'est un peu la même chose. Si l'on n'est pas assez fort pour prendre le contrôle tout seul, on peut passer le premier et ouvrir la porte aux autres. Préparer le terrain pour un tiers, ça peut aussi rapporter beaucoup d'argent. Édouard Stern l'a compris, lui qui joue souvent les éclaireurs. Parce qu'il a le nez creux. En 1988, il participe au raid lancé contre la Société générale par Georges Pébereau[2]. Stern n'est pas le chef de meute mais il peut en être l'un de ses stratèges. Il défie les plus forts.

En 1997, il convoite la plus grosse banque israélienne, la Banque Hapoalim[3]. Jeffrey Keil et Édouard Stern font une

1. Martine Orange, *Ces messieurs de Lazard*, *op. cit.*

2. En novembre 2002 s'est ouvert à Paris le procès de l'un des plus grands scandales politico-financiers des années 1980. Seuls quatre hommes (parmi lesquels Georges Soros) sur les onze mis en examen ont comparu devant le tribunal correctionnel pour des délits d'initiés, pour s'être enrichis illégalement lors d'un raid boursier manqué contre la banque Société générale, premier groupe bancaire privé français, lancé par Georges Pébereau en 1988.

3. La banque Hapoalim est impliquée dans une affaire de blanchiment portant sur plus de 370 millions de dollars. Parmi les personnalités mises en cause : le milliardaire russe Arcadi Gaydamak, déjà poursuivi dans l'affaire de l'*Angolagate*.

offre. Ils mettent 1 milliard de dollars sur la table. Keil apporte 500 millions de dollars. Stern s'engage personnellement à hauteur de 200 millions de dollars et y ajoute une promesse d'engagement de la Banque Lazard de 300 millions de dollars. Les contacts de Keil et de Stern dans les cercles du pouvoir israélien ne suffisent pas à faire pencher la balance de leur côté. De même leur proximité avec le Premier ministre de l'époque, Benjamin Netanyahu. Keil et Stern se font doubler par le groupe de Ted Arison. Le milliardaire israélien surenchérit et met 100 millions de dollars de plus.

Selon le magazine *Forbes*, Ted Arison, décédé en 1999, était « le juif le plus riche du monde ». À son décès, sa fortune est évaluée à plus de 6 milliards de dollars. « Édouard Stern aurait pu être le plus grand financier français s'il n'avait pas eu le goût d'aller se mesurer frontalement à ses adversaires avec le souci d'être plus que bénéficiaire et victorieux », reste convaincu son ami d'enfance Aimery Langlois-Meurinne.

Édouard Stern se forge une réputation de battant. Le patron de L'Oréal, Lindsay Owen-Jones, voit en lui l'exemple de la réussite : « C'est le banquier de sa génération qui a gagné le plus d'argent en aussi peu de temps. » On ne peut imaginer meilleur compliment. Édouard Stern fraye avec les requins de la haute finance. L'homme sait flairer les coups. Et surtout il a l'audace. C'est un joueur. Il se plaît à cultiver ce côté « prince noir des affaires », « beau, brutal, ténébreux, vénéneux », écrit Thierry Philippon dans les colonnes du *Nouvel Observateur*.

Mise à l'écart

Au début des années 1980, Édouard Stern est considéré comme le banquier le plus audacieux de sa génération. Son parcours semble prometteur. Il a l'intelligence et l'audace qui manquent parfois aux vieux barons de la finance. À la tête de l'équipe la plus agile de la place financière de Paris, il réussit des opérations spectaculaires. Il aime les coups, a des intuitions fulgurantes, un flair sans pareil pour déterrer les bonnes affaires. Il est capable de tous les bluffs, de tous les coups de force. « Je l'ai vu négocier comme un chien, maltraiter tout le monde, pour arracher un 0,2 % de plus de commission », confie Claude Pierre Brossolette, l'un de ses anciens associés.

En 1987, Édouard Stern vend la banque familiale à l'homme d'affaires libanais Roger Tamraz. Son premier coup de force. Il bluffe tout le monde en réitérant l'opération un an plus tard. Le jeune banquier, toujours propriétaire d'une partie du patrimoine familial, réussit à vendre sa banque une deuxième fois à la SBS (Société de banques suisses) pour 267 millions d'euros.

En 1992, l'ambitieux financier rejoint la célèbre Banque Lazard parce que l'incontournable Michel David-Weill l'appelle à son côté. En 1983, il a épousé sa fille cadette, Béatrice. Stern rejoint le clan David-Weill et se plie au rituel des vacances d'été dans le Sud de la France. Le puissant patron de la Banque Lazard réunit sa famille au Cap d'Antibes, dans sa villa *Sous le vent*. Depuis des décennies, le calendrier est établi : les vacances commencent le 14 juillet au Cap d'Antibes pour se terminer fin août à Venise. Édouard Stern est nommé au comité de direction. Sa position de successeur potentiel du tout-puissant patron de Lazard va vite mettre le feu aux poudres : les autres associés n'apprécient pas le ton direct et les méthodes brutales de « Monsieur Gendre ». Il veut investir, faire des coups. Le style décoiffant d'un Édouard Stern qui bouillonne, heurte les habitudes de la maison Lazard. L'établissement bancaire a bâti sa réputation sur la durée en gérant l'argent des grandes fortunes de la planète sans faire de vagues.

« Lazard, c'est le nec plus ultra de la haute finance, le fleuron des banques pour grosses fortunes. Il n'est de bons riches que de Lazard. Les plus grosses affaires ne se concluent pas sans Lazard Frères. Édouard Stern avait un boulevard pour conquérir le monde et au lieu de se tenir à carreau il a voulu tout et tout de suite. On ne refusait rien à M. David-Weill », commente un homme d'affaires de la place de Genève.

Imperator du haut de ses presque 2 mètres, Édouard Stern déboule dans le monde feutré de la haute finance en bousculant tous les codes. Les susceptibilités des uns et des autres, il n'en a cure et passe outre. « Il n'y a qu'une chose qui l'intéresse : faire de l'argent », résume un de ses anciens collaborateurs. Alors que les banquiers professent des relations suivies avec leurs clients pendant des années, voire des décennies, qu'ils acceptent de se transformer en père Joseph pour gagner la confiance, lui vit dans l'instant. Renverse tout sur son passage. Il est capable de piétiner des années d'efforts pour un coup boursier ou un demi-point de marge. « Un être sans foi ni loi », ne cessent de répéter les associés de la Banque Lazard à Michel David-Weill. Stern affiche cette moue dédaigneuse qu'il adopte si souvent face à des interlocuteurs qu'il considère comme des « cons ».

« Édouard est brillant mais ce n'est pas un banquier d'affaires. Il s'intéresse plus à la finance qu'à la banque, plus à l'Europe qu'aux États-Unis. Il ne présente pas les qualités pour devenir le chef de la maison américaine », commente Felix Rohatyn, associé de Lazard.

En 1997, c'est la séparation entre Édouard Stern et son beau-père Michel David-Weill. Le jeune loup de la finance est tombé sur plus coriace que lui. Il doit tirer une croix sur ses ambitions. Il ne prendra jamais le contrôle de la Banque Lazard. Le 10 avril 1997, il se rend à New York en Concorde pour négocier une séparation à l'amiable. Pas question d'aller jusqu'à la rupture complète. David-Weill sait que son gendre conserve, via son *holding* Élysée Investissement[1], un puissant réseau d'affaires avec lequel il ne peut couper les ponts. Édouard Stern a un carnet d'adresses fourni. Il est proche de deux grands comptes,

1. Élysée Investissement contrôle Valorigest, Lamballe Holding. La société détient 13 % de la compagnie immobilière Phoenix et 30 % de Multifinance.

Elf et L'Oréal. Les sociétés que contrôle Édouard Stern ont des intérêts en commun avec le groupe pétrolier. Philippe Jaffré, le président d'Elf, est très proche d'Édouard Stern. Quant à Lindsay Owen-Jones, patron de L'Oréal, il n'a de cesse de faire l'éloge du « jeune Mozart » de la finance.

Leurs chemins se séparent, mais David-Weill et Stern se respectent. « Il y a deux hommes qui me servent de modèles, dit un jour Édouard Stern à son beau-père, c'est vous et Jimmy Goldsmith. »

Une nébuleuse de sociétés

À sa sortie de la Banque Lazard, le 2 mai 1997, Édouard Stern crée IRR, son fonds d'investissement à Genève. Un clin d'œil. L'abréviation est bien connue du monde de la finance car elle fait partie du jargon des pros. L'*internal rate of return* (IRR), c'est le « taux interne de rendement ». L'indice que les investisseurs ne quittent jamais des yeux. Le banquier baptise son fonds International Real Returns (IRR). Mais, à Genève, ses avocats se heurtent à un obstacle. L'administration refuse d'enregistrer le fonds avec l'intitulé *International.* Édouard Stern ne veut rien savoir. Ce sera IRR, un point c'est tout, il n'y a pas à discuter. Pour contourner l'obstacle et échapper aux coups de sang du banquier, ses avocats feront remplacer *International* par *Investments.* Le fonds que gère Édouard Stern à Genève s'appelle donc Investments Real Return. Ce qui évidemment ne veut plus rien dire. Peu importe : Stern gagne à nouveau. À la sortie, il reste bien l'essentiel de son caprice sémantique : le sigle IRR.

Dotée d'un capital de 100 000 francs suisses[1], cette société est active dans les services et conseils en matière d'analyse

1. 64 500 euros.

d'investissements de stratégies commerciales et financières. Curiosité, selon le registre du commerce, Édouard Stern détenait 998 actions (sur un total de 1 000) d'IRR. Mais il agissait à titre fiduciaire pour le compte de Mainz Holdings Limited, société dont le siège est à Tortola, dans les Îles Vierges britanniques.

Le tout premier investissement de la société IRR est pour la société Maille qui commercialise des pots de moutarde. Son deuxième investissement, pour la société Chrysalis, fonds indien qui place de l'argent dans une douzaine de sociétés bourgeonnantes à travers l'Asie pour faire du conseil aux entreprises américaines. Édouard Stern détient 34 % des parts. Le banquier est fasciné par l'Inde. Il y emmènera sa femme Béatrice et ses enfants.

À la différence d'autres investisseurs, IRR n'a pas vraiment de cible. Le fonds répartit son argent dans une collection d'entreprises dans le monde entier, partout où Stern y voit une opportunité à saisir. En 2003, le fonds investit en Europe de l'Est et de l'Ouest, en Russie, au Japon, au Mexique et aux États-Unis. L'absence de cibles précises rend la gestion du fonds d'autant plus difficile. IRR n'est pas sur un créneau particulier, contrairement à d'autres fonds dédiés par exemple aux nouvelles technologies. Une fois de plus, les relations entre Édouard Stern et ses associés de chez Lazard sont houleuses. Rappelons que la moitié des fonds engagés (300 millions sur les 600 millions d'euros) provient de la banque contrôlée par son ex-beau-père. Le financier a un mandat de gestion qui lui assure une rente confortable quel que soit le rendement de ses investissements. « Il y a eu pas mal de problèmes étouffés parce qu'il tirait un peu trop profit de la situation », explique un proche.

Édouard Stern a investi 300 millions d'euros de sa poche dans le fonds IRR. Fort de sa réputation de pourvoyeur d'affaires, le financier a convaincu d'autres partenaires de le suivre dans l'aventure.

Selon *Les Échos*, le fonds IRR est investi à hauteur de 33 % dans des sociétés non cotées, de 16 % dans des sociétés cotées en Bourse et de 20 % dans des fonds d'investissement. Le solde, 31 %, est constitué de trésorerie disponible. Le taux de rendement d'IRR se situe entre 7 et 8 %. Un an avant sa mort, Édouard Stern avait cessé d'exercer son mandat. À partir du 6 février 2004, il n'était plus président ni même administrateur d'IRR.

À l'aise à New York, Londres ou Paris, Stern l'est aussi à Genève dès qu'il s'agit de monter des coups. Ses affaires vont croiser celles de Robert Pennone, aujourd'hui président de la banque privée Hentsch et Cie. « C'était un financier extrêmement brillant, mais avec un caractère bien à lui, très indépendant », déclare ce dernier au lendemain de sa mort. Robert Pennone a siégé au sein du conseil d'administration d'IRR entre 1999 et 2000.

En janvier 2000, Édouard Stern crée la société Dombes SA. Elle est dotée d'un capital de 9 millions d'euros, détenu en partie par la société luxembourgeoise Basalte Holding. Les actifs immobiliers de Dombes SA dépassent les 60 millions d'euros. C'est elle qui acquiert en mars 2000 pour 20 millions d'euros le triangle de Villereuse à Genève, terrain sur lequel ont été construits l'immeuble et les bureaux qui abritent l'appartement et hébergent les sociétés d'Édouard Stern (UMS SA, Dombes, Monticello Trust Company, Knigh Vinke Asset Management, Capital Management Advisors, Equity Trust, Project Services...). Le triangle de Villereuse comprend la maison Scheck, rare vestige de villa patricienne située en plein centre-ville. Ancien terrain squatté, ce dernier a été racheté par l'architecte Abraham Ohayon, qui l'a revendu à Édouard Stern.

Dès qu'il flaire une bonne opération dans l'immobilier en Suisse, le financier pointe le bout de son nez. « Les fonds de pension américains investissent beaucoup à Genève », explique un banquier de la place. Édouard Stern est un génie des montages financiers, capable, dit-on, de « multiplier par dix la valeur d'un immeuble en passant pas des structures basées en Hollande ». À Genève, la société Dombes SA est associée dans un projet rue du Stand, à l'angle de la rue de l'Arquebuse dans le quartier des banques. Édouard Stern a acquis les anciens terrains de la British American Tobacco (BAT) aux Acacias, juste en face de la Banque Pictet. L'immobilier est l'un de ses terrains de jeux parmi d'autres. L'insatiable *money-maker* est sur tous les fronts. En même temps qu'il achète et vend des immeubles, Édouard Stern orchestre la reprise des pâtes Panzani et des conserves William Saurin.

S'il a échoué dans sa tentative de prise de contrôle de la banque Lazard, Édouard Stern reste un *deal-maker* très actif. Le milieu de la finance lui reconnaît un certain génie pour organiser les fiançailles et les mariages dans les coulisses du CAC 40. Il faut pour cela un bon carnet d'adresses, un solide réseau et une force de conviction hors norme. Stern a tout cela. Il contribue au rapprochement de Sanofi et Synthélabo en 1998. Le rachat de la Republic National Bank d'Edmond Safra et du CCF par le groupe HSBC en 2000, c'est lui. Il gère le dossier seul. Stern opère dans l'ombre, loin des projecteurs. De Genève, il règle aussi, au début des années 2000, les détails capitalistiques du partenariat entre L'Oréal et Nestlé dans le *holding* Gesparal. Le PDG de L'Oréal, Lindsay Owen-Jones, a toute confiance en Édouard Stern pour qu'il l'aide à régler la question du pacte d'actionnaires qui lie, depuis 1974, le groupe de cosmétiques à Nestlé et à la famille Bettencourt.

En 2000, Édouard Stern commence à acheter les parts du groupe industriel Delta PLC coté au London Stock Exchange. Delta PLC emploie plus de deux mille cinq cents personnes à travers le monde, en Australie, en Afrique du Sud, en Asie et aux États-Unis. L'entreprise est positionnée sur des marchés stratégiques : les travaux publics, le manganèse et l'aluminium.

Édouard Stern en devient vite le principal actionnaire avec 26 % des parts. Il en préside le conseil d'administration avant sa mort.

Édouard Stern fraye avec les plus gros et les plus puissants. Des hommes de pouvoir et d'influence qui préfèrent la discrétion aux *sunlights* : pour lui, il n'est jamais question d'être jeté sous les feux de la rampe. Parmi eux, le Canadien Paul Desmarais et le Belge Albert Frère. « Amis et partenaires », ils opèrent toujours de concert. Le premier préside le comité exécutif de Power Corporation. À la tête d'un conglomérat qui pèse plusieurs milliards de dollars, actionnaire de Total, Paul Desmarais occupe des positions dominantes dans plusieurs domaines d'activité. On le retrouve à la tête du *holding* suisse Pargesa aux côtés d'Albert Frère. Il est l'un des hommes les plus puissants du Canada. On dit de Paul Desmarais qu'il peut fabriquer des Premiers ministres. Son groupe est historiquement très proche de la banque BNP Paribas.

Le second, Albert Frère, est le seul Belge présent dans la liste des personnalités les plus riches du monde établie par le magazine *Forbes*. Grâce au Groupe Bruxelles Lambert (GBL) qu'il a racheté en 1982, il acquiert des participations dans la BBL, le groupe de médias CLT (Compagnie luxembourgeoise de télévision), Petrofina, Tractebel, ou encore la compagnie d'assurances Royale Belge. Par la suite, il participe au mouvement de consolidation en Europe et favorise la création de groupes importants en rapprochant notamment BBL d'ING, Royale Belge d'Axa, Tractebel de Suez et Petrofina de Total. L'homme a l'allure faussement débonnaire d'un Bernard Blier. Il pèse 1,5 milliard d'euros.

Desmarais, Frère et Stern nouent des alliances. Malgré la différence d'âge, ils ont des intérêts communs et une même fougue. Albert Frère est un *raider*, « un homme de coups ». À quatre-vingts ans, il garde la main. Déjà propriétaire de 6,5 % du groupe de matériaux Lafarge, il s'offre 7,3 % du capital d'Eiffage en mars 2006. Ce qui sauve la direction du groupe de BTP qui était sur le point de passer sous contrôle espagnol.

Paul Desmarais, Albert Frère, Édouard Stern et Hugues de Lasteyrie avaient investi plus de 250 millions d'euros dans Rhodia. Après la déconfiture du titre, tous en seront pour leur argent. Stern et Lasteyrie choisiront de porter le scandale sur la place publique pour faire pression et essayer de récupérer leur argent. Desmarais et Frère préféreront la discrétion.

On l'apprendra après sa mort, Édouard Stern détient aussi 33 % des parts de la maison de disques Naïve, créée en 1998. Un label à succès qui a vu son chiffre d'affaires passer de 28 à 35 millions d'euros de 2004 à 2005. Naïve produit Carla Bruni mais aussi Marianne Faithfull, Richard Cocciante ou Pierre Perret.

Le financier est également associé au fonds de placement américain Knight Vinke domicilié à la même adresse qu'IRR à Genève. Éric Knight Vinke est un financier redouté.

Édouard Stern, le « Prince noir de la finance », cloisonne ses affaires. Même ses proches avouent ne pas en connaître tous les méandres.

Le seul à être dans le secret des comptes et des sociétés que gère Édouard Stern, c'est son avocat et ami belge Kristen Van Riel. Au fil des ans, les structures financières dont Stern tire les ficelles sont devenues insaisissables. Elles partent de France, de Suisse ou du Luxembourg pour aboutir dans des paradis fiscaux comme les îles Caïmans (Finance and Trading Limited, par exemple) ou les Antilles néerlandaises. Eastern Promised Ltd, est l'une des sociétés qu'il utilise pour ses investissements en Russie.

Ses bureaux de Genève hébergent le siège d'UMS Universal Management Services, société basée à Curaçao qui fournit des services et conseils en investissements et Monticello Trust Company, au capital de 16,5 millions de francs suisses, spécialisée dans la gestion de fortune.

Efficace et discret, Édouard Stern ne se manifeste que lorsqu'il s'estime lésé, trompé ou trahi. « C'était un banquier d'affaires de génie », dit Jean Peyrelevade, l'ancien président du Crédit Lyonnais. Stern est aussi un procédurier qui ne laisse rien passer. Il s'entoure de dizaines de conseils. Parmi eux, le célèbre avocat Jean Veil. Une autre connaissance d'Édouard Stern, Dominique Strauss-Kahn a sollicité les services de Jean Veil lorsqu'il a vu son nom apparaître sur les faux listings Clearstream.

Édouard Stern a perdu beaucoup d'argent dans Rhodia, et les conditions dans lesquelles Vivendi Universal a cédé sa filiale Canal + technologie à Thomson multimédia en 2002 ne lui plaisent pas. Stern veut des explications. Surtout, il subodore un montage fait dans son dos. Il a perdu beaucoup trop d'argent. Sa réputation est en jeu. Les milieux financiers suivent de près ses déboires. Le feuilleton Stern-Rhodia passionne les patrons des sociétés cotés au CAC 40. La veille de son décès, Édouard Stern est sur le ring, à attendre le premier coup de gong pour pouvoir le faire. Il meurt avant de pouvoir frapper. Par K-O... couché !

La succession d'Édouard Stern est un vrai casse-tête. Son ami et associé l'avocat Kristen Van Riel est son exécuteur testamentaire.

À Genève, où Stern s'est domicilié fiscalement, ses héritiers en ligne directe seront imposés à un taux allant de 6 à 7,8 %.

L'administration cantonale genevoise des impôts pourrait percevoir entre 30 et 78 millions de francs suisses à l'occasion de cette succession.

Reste à savoir quel est le montant réel de la fortune d'Édouard Stern. Très difficile de la chiffrer avec précision. Selon les dernières estimations, son patrimoine se situerait entre 500 millions et 1 milliard de francs suisses, soit environ entre 322 millions et 645 millions d'euros.

Face à un réseau de sociétés qui s'étend de Genève à Tortola via le Luxembourg, il n'est pas simple d'établir un inventaire complet des biens du défunt. Édouard Stern était considéré comme un expert en matière d'optimisation fiscale.

L'épisode Elite

À l'été 2000, Édouard Stern étudie le dossier de reprise de la célèbre agence de mannequins Elite fondée par John Casablanca. La plus grande et la plus internationale des agences de mannequins du monde qui a lancé les plus célèbres : Claudia Schiffer, Naomi Campbell, Cindy Crawford, etc.

Édouard Stern est en affaire à Genève avec Christian Larpin. Un quinquagénaire qui adore les bons vins et les havanes d'importation directe. Ce Lausannois a suivi des études à HEC et de sciences politiques avant de faire carrière dans le monde de la finance. À la fin des années 1990, Elite a mal à sa réputation. En novembre 1999, un reportage controversé de la BBC présentant les mannequins comme faisant partie d'un monde de stupre et de drogues a un écho mondial.

Christian Larpin semble être le « Monsieur Propre » idéal pour redorer l'image de l'agence. Il est de nationalité suisse et vient d'un monde sérieux, celui de la finance, apparemment très éloigné des mannequins et du monde de la nuit. Passionné de photo, grand amateur d'art et père de trois enfants comme Édouard Stern, il a cultivé la discrétion jusqu'ici. La reprise d'Elite n'est pas une extension logique de ses affaires.

En 1999, Christian Larpin s'associe à Omar Harfouch, jeune Libanais installé en Ukraine – un inconnu à l'époque qui se présente volontiers comme milliardaire – pour racheter les droits (pendant cinq ans) de la finale Elite Model Look. La collaboration entre les deux hommes ne dure que quelques mois. Elle se termine par la signature d'un protocole secret.

Omar Harfouch est débarqué. Il conserve l'organisation de six finales Elite : en Ukraine, en Afrique du Nord et au Liban.

Ami de Christian Larpin, Édouard Stern suit le dossier de près. Jamais il n'entrera en négociation directe avec Harfouch. « Ces deux personnalités étaient incompatibles. Il y aurait vite eu un clash », raconte Christian Larpin.

Écarté, Omar Harfouch ne possède plus qu'une participation minoritaire dans Elite dont il est un simple licencié. Il n'a pourtant pas dit son dernier mot. Il multiplie les interviews dans la presse, ne se gênant pas pour égratigner au passage les dirigeants d'Elite. Omar Harfouch accuse l'agence de harcèlement sexuel sur des modèles mineurs.

« Jamais un licencié ne nous a posé autant de problèmes », remarque à l'époque Me François Bellanger, avocat du groupe Elite avec Me Marc Bonnant. Et de se réserver les « voies juridiques appropriées ».

En l'an 2000, le chiffre d'affaires du groupe Elite dépasse les cent millions de dollars. Étonnamment, les récents déboires médiatiques de l'agence n'ont pas entamé son image. « Les clients nous ont renouvelé leur confiance », affirme Christian Larpin. Ces clients, ce sont LVMH, Gucci ou L'Oréal. Des groupes dont le banquier Édouard Stern est très proche.

De son côté, Omar Harfouch n'a pas abandonné l'idée de revenir par la grande porte à la tête du groupe qu'il accuse de toutes les turpitudes. Dans les cocktails, il raconte d'ailleurs avoir racheté et revendu Elite en empochant un bénéfice mille fois supérieur à sa mise. Au mois d'août 2000, il se fait retirer ses six licences nationales, pour non-respect de ses obligations et pour avoir porté atteinte à l'image du groupe.

Omar Harfouch, propriétaire de stations de radio et d'un journal en Ukraine, se targue de posséder un carnet d'adresses bien rempli. L'homme se plaît à se faire photographier avec Alain Delon, le pape Jean-Paul II, Sarah Marshall... Il tutoie et déjeune avec Roland Dumas, ancien ministre des Affaires étrangères de François Mitterrand. Il invite à sa table et en vacances des personnages de l'ombre comme le marchand d'armes Adnan Kashoggi, auquel il tente par la suite de vendre – pour 5 millions de francs suisses – une autre finale de mannequins, Miss Net World. Sans succès. Son dernier coup ? Sa participation à l'émission de téléréalité de TF1 *Je suis une célébrité, sortez-moi de là !*, tournée dans la jungle brésilienne. Un bide...

Omar Harfouch « le Prude » qui déplorait l'organisation des finales Elite et le manque de surveillance des jeunes candidates, connaît son heure de gloire en mars 2006 à l'occasion d'une interview dans le magazine *Public* intitulé : « J'ai fait l'amour avec des *call-girls.* » Il reconnaît trouver cela très excitant et affirme être tombé sur des mannequins et actrices connues.

Il y a aussi l'envers du décor. L'image d'un homme d'affaires controversé qui se forge, au fil des ans, de solides inimitiés. Très proche de l'ex-président ukrainien Leonid Koutchma, Omar Harfouch est aussi à la croisée des chemins entre diplomatie et « affaires ». Le 30 septembre 2005, sa voiture explose dans une rue de Kiev. Ce n'est pas le premier attentat perpétré contre le *tycoon* ukrainien, par ailleurs proche du colonel Kadhafi... La nouvelle de la mort d'Édouard Stern l'aurait conduit à renforcer encore davantage sa protection rapprochée et à porter un gilet pare-balles.

Aujourd'hui, Christian Larpin a quitté la direction du groupe Elite.

En 2000, son ami Édouard Stern a-t-il vraiment voulu prendre des participations dans le célèbre groupe ? C'est en tout cas ce qu'affirme le quotidien *Le Monde* du 2 septembre 2001 : « Un homme d'affaires suisse, Christian Larpin, et son partenaire Édouard Stern, ex-gendre de Michel David-Weill, patron du groupe Lazard, seraient en négociations avancées pour acquérir la majorité du capital d'Elite Model Management Luxembourg, société de tête des entreprises Elite. »

Plus de deux mois plus tard, le 7 novembre 2001, la réponse d'Édouard Stern est publiée : « La société IRR, gérée par

Édouard Stern, a étudié en l'an 2000 plus de cent dossiers de prises de participation dont seules quelques-unes ont abouti. Celui du groupe Elite a été analysé au cours de l'été 2000 et toute prise de participation par IRR a été définitivement écartée, entre autres pour des raisons liées à celles qui sont l'objet des récents articles de presse concernant cette société. Ni monsieur Stern à titre personnel ni la société IRR ne sont en négociations avancées pour devenir actionnaires du groupe Elite ni ne sont partenaires d'aucun actionnaire de ce groupe. »

13

Ces affaires qui secouent la France

Scandale « Pétrole contre nourriture »

Octobre 2005. L'ancien président de la Banque centrale américaine, Paul Volcker, qui dirige la commission chargée d'enquêter sur les détournements d'argent du programme « Pétrole contre nourriture », rend son rapport public. Des millions de barils de brut ont été détournés pour alimenter un vaste système de corruption. En 1996, Bagdad est autorisée, sous le contrôle de l'ONU, à reprendre ses exportations de pétrole pour financer l'importation de biens de première nécessité. L'étau se desserre pour des raisons humanitaires. Saddam Hussein s'engouffre dans la brèche et jongle avec les barils de pétrole pour remplir ses caisses et consolider ses appuis à l'étranger. Des entreprises, des hommes d'affaires, des diplomates, des responsables politiques sont soupçonnés de profiter du système.

En France, douze personnes sont mises en examen par le juge Philippe Courroye. Elles sont soupçonnées de « trafic d'influence ». Parmi elles : Charles Pasqua, des diplomates, des membres de réseaux pro-irakiens, des cadres de Total et des intermédiaires affairistes. La liste est longue. Parmi les personnes mises en cause : Alain Le Chevalier (Total), Serge Boidevaix, ancien secrétaire général du Quai d'Orsay[1], Jean-Bernard

1. Quai d'Orsay : ministère français des Affaires étrangères.

Mérimée, ancien ambassadeur, Bernard Guillet, bras droit de Charles Pasqua.

La corruption dont Saddam Hussein se servait comme moyen d'influence a également touché la Russie, les États-Unis, le Royaume-Uni, l'Italie, l'Australie, l'Inde et même l'ONU.

Reste que la France et la Russie sont les deux pays qui auraient le plus bénéficié des retombées du programme « Pétrole contre nourriture ».

Interrogé au début du mois de mai 2006 par le juge Courroye qui se déplace spécialement en Irak pour le rencontrer, l'ancien numéro deux irakien Tarek Aziz dit qu'il ne veut pas faire de tort à ses anciens amis. Ce jour-là, le magistrat n'en apprendra pas plus. Le juge Courroye est chargé d'instruire un dossier de caisse noire présumée au profit de plusieurs groupes français, dont Total. Ses investigations le conduisent jusqu'à une société installée à Genève, Telliac. C'est elle qui est chargée de verser des commissions occultes contre l'obtention de marchés pétroliers en Irak.

En avril 2006, le juge d'instruction obtient copie des éléments de l'enquête menée par la commission dirigée par Paul Volcker, ancien président de la Réserve fédérale américaine, sur les dérives du programme de l'ONU « Pétrole contre nourriture » instauré en Irak entre 1996 et 2003. Le rapport détaille la liste des deux mille entreprises qui ont profité du système.

Parmi elles, des sociétés qu'Édouard Stern connaît bien : Total, le groupe canadien Power Corp, BNP Paribas et Pargesa, où siège son ami Aimery Langlois-Meurinne. À Genève, il est aux premières loges pour connaître les tenants et les aboutissants du scandale qui va défrayer la chronique. Ses bureaux ne sont pas très loin de ceux de la Cotecna. C'est peut-être ce qui a donné l'idée à Gérard de Villiers de choisir Genève comme décor de son dernier SAS, *Le Trésor de Saddam*[1], largement inspiré de la mort d'Édouard Stern.

1. Collection SAS, 2006.

La Cotecna, société de certification suisse chargée par l'ONU de contrôler le bon déroulement du programme « Pétrole contre nourriture », est, elle aussi, mise en cause. La présence du fils de Kofi Annan, Kojo Annan, comme consultant au sein de cette société au moment où elle obtient son contrat avec l'ONU pour l'Irak renforce les soupçons de la commission Volker. La Cotecna a toujours démenti avoir tiré avantage de cette situation. Démenti renforcé depuis lors par les conclusions d'un second rapport.

Qu'un scandale lié au pétrole éclate à Genève n'est pas une surprise. En raison de l'expertise bancaire offerte par ses établissements financiers, de ses cabinets d'avocats spécialisés et de la présence de nombreuses sociétés de négoce, Genève est la capitale mondiale du *trading* pétrolier. La banque et le financement du commerce de matières premières sont deux spécialités suisses. Tous les affréteurs maritimes possèdent un bureau à Genève, quand ce n'est pas leur siège.

Clearstream

Au printemps 2004, un mystérieux corbeau envoie au juge Van Ruymbeke un listing bancaire censé révéler les comptes occultes d'une foule de personnalités parmi lesquelles le ministre de l'Intérieur, Nicolas Sarkozy. Toutes sont accusées d'avoir encaissé des commissions sur la vente de frégates à Taïwan entre 1991 et 1993 via des comptes enregistrés de Clearstream. Le document est un faux.

Dans cette liste, figurent aussi les noms de Alain Madelin, Dominique Strauss-Kahn et Jean-Pierre Chevènement. La DST informe le ministre de l'Intérieur de l'époque, Dominique de Villepin, qu'il s'agit d'une manipulation.

En janvier 2006, Nicolas Sarkozy se constitue partie civile. Le président de l'UMP, ministre de l'Intérieur, candidat à l'élection présidentielle de 2007 se raccroche à l'instruction ouverte pour

« dénonciation calomnieuse ». Nicolas Sarkozy soupçonne le clan Villepin d'être à l'origine de la manœuvre visant à le déstabiliser.

Dans *La Tragédie du Président*[1], Franz-Olivier Giesbert livre quelques anecdotes édifiantes sur la haine que se vouent les deux hommes forts du gouvernement. « Ça y est, on le tient. Sarkozy est fini », se réjouit Villepin devant Raffarin en octobre 2004 lorsqu'il apprend qu'un document met en cause son adversaire. La réplique est cinglante : « Le salopard qui a monté cette affaire finira sur un croc de boucher », réagit Nicolas Sarkozy lorsqu'il découvre l'affaire.

Les « racailles » télécommandées par Matignon et l'Élysée, il en fait son affaire... Sa rancœur est d'autant plus forte qu'il soupçonne les mêmes « sous-marins » d'être à l'origine, en 2005, des révélations faites dans le quotidien suisse *Le Matin* sur la liaison qu'entretient alors Cécilia avec Richard Attias, directeur de l'agence de publicité Publicis.

L'affaire Clearstream secoue le pouvoir. À chaque élection présidentielle son scandale. Les éditorialistes rappellent quelques précédents célèbres. L'affaire des diamants de Bokassa qui a plombé la campagne de Giscard en 1981 et l'affaire Markovitch.

En octobre 1968, Stefan Markovitch, ami et garde du corps d'Alain Delon, est assassiné. Quelques semaines plus tard, des photomontages diffusés dans la capitale alimentent la rumeur selon laquelle il participait avec madame Claude Pompidou, l'épouse du Premier ministre, à des soirées libertines.

Une manipulation orchestrée par les barbouzes du SAC[2], le service d'ordre gaulliste, avec la complicité d'un certain Jean-Charles Marchiani. Objectif : déstabiliser Georges Pompidou, candidat déclaré à la succession du général de Gaulle.

« La vie politique est encombrée par des officines depuis longtemps. J'ai l'intention d'y mettre de l'ordre », prévient

1. Franz-Olivier Giesbert, *La Tragédie du Président, op. cit.*
2. SAC : Service d'action civique.

Nicolas Sarkozy en juillet 2005. Louable intention, sauf que dans la réalité le président de l'UMP entretient ses propres réseaux parallèles pour préparer son accession au pouvoir. Ses réseaux sont un assemblage. Lorsqu'il succède à « Môssieur Charles » à la présidence du conseil général des Hauts-de-Seine, Nicolas Sarkozy récupère une partie des réseaux africains. « Un mélange d'hommes d'affaires, d'ex-barbouzes et de Corses qui connaissent mieux que personne le continent noir, celui des palais présidentiels, des comptes *off-shore* et des coups tordus ». En public, Nicolas Sarkozy dénonce les officines. En réalité, il doit composer avec elles. Elles sont le canevas sur lequel les gouvernements successifs, de gauche comme de droite, tissent les fils de la politique franco-africaine.

En mars et avril 2006, l'affaire Clearstream s'emballe. Le 30 mars 2006, les juges Jean-Marie d'Huy et Henri Pons perquisitionnent les bureaux de la DGSE, boulevard Mortier à Paris, le saint des saints. Du jamais vu. Les deux magistrats ont un surnom, Zig et Puce. La visite se passe mal. Les gorilles de la « piscine », nom donné aux services secrets, s'opposent à la saisie de dossiers revêtus du tampon « secret défense ». Rien ne semble pouvoir arrêter la machine judiciaire. Quelques jours plus tard commence une série de perquisitions, au bureau d'Alain Juillet, ancien directeur de la DGSE, au secrétariat général de la Défense nationale, au domicile du général Philippe Rondot, ainsi que dans le bureau d'un ancien collaborateur de la DGSE, Imad Lahoud, cadre d'EADS. Les bureaux du groupe d'aéronautique et d'armement reçoivent la visite des juges, toujours accompagnés d'une poignée de policiers triés sur le volet et tous accrédités « secret défense ». De même pour le patron d'EADS, Noël Forgeard, et son vice-président, Jean-louis Gergorin, proche de Villepin. Le 5 avril 2006 une nouvelle perquisition a lieu, cette fois dans les bureaux d'Airbus. Lors de leurs déplacements, Jean-Marie d'Huy et Henri Pons saisissent de nombreux documents, des disques durs d'ordinateurs, des CD et des dossiers. Des belles prises...

Dans un premier temps, cette série de perquisitions passe pratiquement inaperçue. La crise que suscite la promulgation de la loi sur le contrat première embauche (CPE) capte l'attention des médias. Personne n'a encore saisi l'importance de l'affaire Clearstream qui oppose un ministre en exercice à des services qui dépendent d'un autre ministre. Une première dans l'histoire de la Ve République. Presque les signes avant-coureurs d'une crise de régime.

Le 15 mars 2006, les juges entendent le journaliste Denis Robert, auteur de trois livres sur Clearstream. Il est réentendu en juin après de nouvelles révélations. La mise en vente de son nouveau livre, *Clearstream, l'enquête*[1], est suspendue. Dominique de Villepin dépose une plainte pour diffamation contre plusieurs journalistes. Une première. En 2003, le journaliste d'investigation a remis les listings de Clearstream à Imad Lahoud, spécialiste en cryptologie. Ce dernier enquête sur les circuits de financement du terrorisme. Il dit travailler avec la DGSE. C'est un ancien financier qui a eu quelques déboires avec la justice. Problème, les listings trafiqués que diffuse le corbeau et qui mettent en cause Nicolas Sarkozy sont ceux que Denis Robert a remis à Imad Lahoud. L'affaire Clearstream crée une crise sans précédent au sommet de l'État français. Elle implique la DGSE et son patron, Pierre Brochand, que Stern aurait rencontré quelques mois avant d'être tué.

Rien n'arrête les magistrats. La veille du grand week-end de Pâques, le 13 avril 2006, ils s'invitent dans les bureaux de la ministre de la Défense, Michèle Alliot-Marie.

Le 21 avril 2006, *Libération* consacre quatre pages à l'affaire. Le journal évoque le climat de guerre qui règne au sommet de l'État. Les « dénonciations anonymes », les barbouzeries donnent le ton de ce que sera à droite la prochaine campagne présidentielle. Les fusils sont sortis. Le journal évoque aussi le rôle joué par les « vendeurs d'armes » dans cette guerre de tran-

1. Denis Robert, *Clearstream, l'enquête*, Les Arènes-Julliard, 2006.

chées. En toile de fond, un règlement de comptes entre EADS et Thales (ex-Thomson).

À la fin du mois d'avril, Clearstream devient une affaire d'État. Dans le journal *Le Monde* daté du 29 avril, le général Rondot affirme avoir reçu un ordre de mission de Dominique de Villepin pour enquêter sur l'affaire des listings. Devant les juges, le militaire a même confié que Villepin lui a dit d'agir « sur instruction de Chirac ». Il apparaît alors qu'en sollicitant, en janvier 2004, un haut responsable du renseignement français pour enquêter sur Nicolas Sarkozy, le Premier ministre a pris une part active dans la machination menée contre lui. Un *Watergate* à la française ? Fin avril, des voix s'élèvent tant dans l'opposition que dans la majorité pour demander la démission du Premier ministre. Entre Sarkozy et Villepin cela ressemble à une lutte à mort. Le premier tente de tirer profit de la situation. Après tout, il a été victime d'une cabale. Le président de l'Assemblée nationale, Jean-Louis Debré, a une façon singulière de résumer la situation : « Avec le CPE, Sarkozy a mis une balle dans la tête de Villepin. Il veut lui en mettre une seconde tout de suite pour être sûr qu'il soit vraiment mort. Villepin, lui, estime qu'il est loin d'être fini et veut mettre deux balles en plein cœur de Sarkozy. »

Denis Robert se souvient

Jeudi 11 mai 2006. Toutes les radios et les télévisions évoquent les derniers rebondissements de l'affaire Clearstream. Le juge Renaud Van Ruymbeke est sous le feu des projecteurs. On vient d'apprendre qu'il connaissait le corbeau. Craignant pour sa vie, Jean-Louis Gergorin a négocié avec le magistrat son anonymat. À Metz, le journaliste et écrivain Denis Robert est dans tous ses états. Son téléphone portable n'arrête pas de sonner. « Regardez, j'ai eu plus de cent vingt appels depuis ce matin ! »

Châtel-Saint-Germain, près de Metz ; une petite rue qui mène au cimetière, à gauche un lourd portail métallique s'ouvre péniblement. L'entrée de la maison du journaliste Denis Robert a des allures de Fort Knox. Derrière le portail, le décor est moins austère. Un vaste parc ombragé, une piscine et une maison moderne. Au rez-de-chaussée, un immense bureau. Denis Robert sort en pantoufles, les cheveux en bataille, une barbe de deux jours et le téléphone collé à l'oreille.

Celui qui est à l'origine de l'affaire Clearstream enchaîne les interviews. Il est convaincu que le juge Renaud Van Ruymbeke, son ami, est tombé dans un piège. « Maintenant, c'est sûr, ils vont essayer de s'en prendre à moi. »

Le journaliste le premier à posséder les listings de Clearstream craint qu'on finisse par l'accuser d'être à l'origine de la manipulation. Depuis la plus haute Antiquité, les mauvaises nouvelles n'ont cessé d'être fatales à leurs messagers. Ce 11 mai 2006, il s'interroge sur le rôle d'Imad Lahoud : « On était devenu proches. Je ne comprends pas ce qui s'est passé. Il m'avait expliqué qu'il était arrivé à craquer le système informatique de Clearstream et qu'il avait découvert où allaient les flux d'argent. Nous devions le filmer avec une équipe de Canal + en train de violer le système. Il a repoussé ce moment pendant des semaines, avant de rompre le contact. Je ne sais pas aujourd'hui s'il ment depuis le départ ou s'il a découvert des choses si importantes et si graves qu'il craint pour sa vie. Ce qui pourrait expliquer son revirement. » Le journaliste confie que la mère d'Imad Lahoud a été l'objet de menaces et qu'elle est aujourd'hui dans un endroit « sécurisé ».

À la sortie de son premier livre, consacré à Clearstream, *Révélations*[1], Denis Robert se souvient avoir reçu un coup de fil d'Édouard Stern. On est en 2001. Le financier joint le journaliste chez lui.

« Un jour, j'ai reçu un coup de fil d'un type qui disait s'appeler Édouard Stern. Je dois reconnaître qu'à l'époque je ne

1. Denis Robert et Ernest Backes, *Révélations*, *op. cit.*

savais même pas qui il était. J'ignore comment il avait eu mon téléphone. Il s'est recommandé de la part d'avocats genevois que j'avais eu l'occasion de rencontrer au cours de mes enquêtes. Je dois avouer que je n'ai pas accordé une très grande importance à cet appel », raconte Denis Robert. Si le banquier se manifeste dès la sortie du livre, c'est qu'il veut savoir ce qui figure sur les listings de Clearstream récupérés par Denis Robert. « Il était très aimable », se souvient le journaliste. Un financier du niveau de Stern qui appelle Denis Robert, cela a de quoi surprendre. D'autant qu'il est l'un des seuls à se manifester directement. Pourquoi cet intérêt ? À l'époque, l'élite financière tire à boulets rouges sur le travail du journaliste. Stern veut savoir ce que laissent apparaître les listings de la chambre de compensation. Joint une deuxième fois en 2005, Denis Robert a des souvenirs plus précis. Il précise qu'Édouard Stern veut savoir ce qu'il a découvert sur les microfilms de Clearstream. « Il était intéressé par un compte domicilié à Monaco », indique alors Denis Robert.

Édouard Stern a plusieurs comptes enregistrés chez Clearstream. Les noms de plusieurs des sociétés qui gravitent autour de lui figurent aussi sur la fameuse liste qui va faire couler tant d'encre. Cela n'a rien de surprenant. Les banquiers ont besoin de passer par une chambre de compensation. Il y en a deux : Clearstream et Euroclear, toutes les deux basées au Luxembourg. Édouard Stern a des comptes partout. Rien de plus normal. Il est en revanche très bien placé pour savoir ce qui se trame chez Clearstream. L'un de ses associés siège dans une société qui évolue dans le giron du bureau de Cedel à Genève. Cedel, c'est l'ancien nom de Clearstream. Édouard Stern, qui a le génie des montages financiers, craint-il qu'on remonte aux opérations dont il a tiré les ficelles ? Denis Robert reconnaît, à cette époque, être dans l'incapacité matérielle de pouvoir déchiffrer les données qui figurent sur les microfiches récupérées.

L'affaire Rhodia

Dans les jours qui précèdent sa mort, Édouard Stern passe son temps au téléphone avec ses avocats. Il a un gros souci. Thierry Breton, qu'il met en cause dans la procédure Rhodia[1], a été nommé ministre de l'Économie et des Finances. Stern sait que s'il s'attaque à lui, il s'attaque forcément au gouvernement. Il est conscient que Breton sera soutenu parce que la France ne peut pas se payer le luxe de changer de ministre de l'Économie et des Finances tous les six mois. Thierry Breton succède alors à Hervé Gaymard, qui a dû démissionner le 25 février 2005 à cause d'une histoire d'appartement de fonction[2]. Une affaire copieusement utilisée par ceux qui jalousent sa proximité avec le chef de l'État. Le nom de Thierry Breton pour lui succéder s'impose comme une évidence. L'ancien patron de France Télécom a noué des liens avec Jacques Chirac après sa défaite de 1988. Les deux hommes ont une passion commune : le Japon. Un élément clef de la relation qui s'est construite entre Jacques Chirac et Thierry Breton, dit-on.

Thierry Breton arrive au gouvernement avec de puissants appuis. C'est un homme d'influence qui gravite autour du pouvoir depuis plus de vingt ans. Édouard Stern sait que sa nomination au gouvernement change la donne.

En 1999, Édouard Stern investit 38 millions d'euros dans le groupe chimique Rhodia, filiale de Rhône-Poulenc. L'affaire semble prometteuse. Un an plus tôt, Rhodia est issu de la séparation des activités chimie et pharmacie du groupe français Rhône-Poulenc. Stern entre dans le tour de table, mis en

1. Rhodia, entreprise issue des activités chimiques de Rhône-Poulenc, a été créée en 1998.

2. L'affaire de l'appartement Gaymard concerne le ministre de l'Économie Hervé Gaymard et sa femme Clara depuis l'annonce, par *Le Canard enchaîné* le 15 février 2005, que le couple était logé, avec ses huit enfants, dans un luxueux duplex de 600 mètres carrés payé 14 400 euros par mois par l'État. La révélation et la défense maladroite du ministre aboutissent à sa démission.

confiance par Jean-Pierre Tirouflet, PDG de Rhodia. Seulement les résultats ne sont pas à la hauteur des attentes. Le titre glisse inexorablement vers les abysses de la Bourse. En décembre 2001, Jean-Pierre Tirouflet refuse une offre de fusion du chimiste néerlandais DS. Les choses commencent à se gâter. En 2002, Édouard Stern, désigné administrateur de Rhodia, conteste la stratégie du groupe et la véracité des comptes. Il demande le départ de Jean-Pierre Tirouflet. À ses côtés : Hugues de Lasteyrie et Albert Frère.

Début 2003, Stern est débarqué du conseil d'administration. Une humiliation. Désormais, il n'a plus qu'une obsession : faire payer ceux qui l'ont grugé.

En avril 2003, un groupe d'actionnaires, dont Édouard Stern fait partie, réclame à nouveau le départ de Jean-Pierre Tirouflet. Rhodia a perdu 63 millions d'euros au premier trimestre. Colette Neuville, présidente de l'Association de défense des actionnaires minoritaires, s'interroge sur le rôle joué par les commissaires aux comptes qui n'ont pas contraint Rhodia à déprécier certains actifs.

Le banquier acquiert la conviction qu'il est mis à l'écart pour l'empêcher de mettre son nez dans les comptes. Il soupçonne une magouille d'envergure. Avec un autre financier lésé, Hugues de Lasteyrie, il dénonce la gestion de Jean-Pierre Tirouflet et de Jean-René Fourtou, ancien patron de Rhône-Poulenc. Thierry Breton, ancien président du comité d'audit de Rhodia et tout nouveau ministre des Finances, est directement visé.

En mai 2003, Édouard Stern dépose plainte pour faux bilan et abus de biens sociaux. Cinq mois plus tard, Jean-Pierre Tirouflet démissionne. La dette de Rhodia a passé la barre des 3 milliards d'euros. À la fin décembre, la nouvelle direction de Rhodia présente un plan social qui prévoit la suppression de cinq cent soixante-douze emplois et d'importantes restructurations. Entre-temps, l'Autorité des marchés financiers (AMF), gendarme de la Bourse, a décidé de se pencher sur le dossier. Comment une entreprise promise normalement à de gros bénéfices en est-elle arrivée là ? Hugues de Lasteyrie et Édouard

Stern soupçonnent Aventis, société née de la fusion entre Rhône-Poulenc et Hoechst, de s'être délestée de tous ses sites pollués dans leur filiale Rhodia, créée *ad hoc*. En 2004, les deux financiers portent plainte au pénal concernant les comptes de 1999 à 2002 pour présentation d'informations fausses et mensongères sur la situation d'un émetteur coté sur un marché réglementé, pour délit d'initié et pour recel de délit d'initié. Édouard Stern et Hugues de Lasteyrie contestent la manière dont Rhodia a intégré l'entreprise britannique Albright & Wilson dans ses comptes en 2000 et 2001. Le rachat par Rhodia de ce concurrent britannique en 1999 s'est fait grâce à une manœuvre de portage litigieux. La critique vise la façon dont Rhodia a comptabilisé l'entreprise dans ses bilans 2000 et 2001 (période non concernée par la prescription). Selon Hugues de Lasteyrie, Albright & Wilson valait beaucoup moins que le prix payé par Rhodia – ce que savaient les administrateurs. Il conteste par ailleurs la date de la dépréciation de l'entreprise américaine Chirex en juin 2003. Dès 2000, Chirex était quasiment en faillite. Il aurait fallu la déprécier dans les comptes à cette époque et fournir des documents.

Édouard Stern recueille le témoignage de Daniel Lebard[1], l'ancien PDG de Albright & Wilson. Mis sur la touche par Rhodia, ce dernier raconte tout ce qu'il sait au financier. La veille de sa mort, les deux hommes ont une conversation téléphonique.

Saisie de plusieurs plaintes, la justice s'empare du dossier et ouvre une information judiciaire pour « présentation de

1. En décembre 1999, Daniel Lebard est PDG de Albright & Wilson, il est chargé de gérer la société anglaise en toute indépendance par rapport à Rhodia et à Rhône-Poulenc. Il est limogé au moment où il s'interroge sur la sincérité des prospectus présentés aux marchés. Il demande alors à la Supreme Court of the State of New York de se pencher sur des manœuvres éventuelles de Rhône-Poulenc, de Rhodia et d'autres afin de tromper, avec le rachat de Albright & Wilson, les actionnaires de Rhodia au profit de Rhône-Poulenc.

comptes inexacte, diffusion d'informations fausses et mensongères sur la situation d'un émetteur coté sur un marché réglementé, délit d'initié et recel de délit d'initié ». Édouard Stern est entendu par le juge Henri Pons en janvier 2005, deux mois avant sa mort. Il réitère ses accusations à l'encontre des dirigeants de Rhodia. Le coup a porté : le 27 juin 2005, quatre mois après la mort de Stern, les juges Jean-Marie d'Huy et Henri Pons (qui instruisent également le dossier Clearstream) perquisitionnent le bureau de Thierry Breton à Bercy. Une première dans l'histoire. Les magistrats sont accompagnés par une de leurs collègues du pôle financier du Palais de justice de Paris, la juge Dominique de Talancé, cosaisie de l'affaire des frégates de Taïwan avec Renaud Van Ruymbeke. Les trois magistrats saisissent des notes et des documents. Ils se heurtent à une fin de non-recevoir lorsqu'ils essayent d'emporter avec eux un dossier relatif aux ventes d'armes [1].

L'affaire Rhodia ne fait pas qu'éclabousser le ministre de l'Économie et des Finances. L'Autorité des marchés financiers est épinglée pour son manque de vigilance et la commission de Bruxelles aussi.

En décembre 2005, les juges Henri Pons et Jean-Marie d'Huy, du pôle financier, se rendent à Genève, accompagnés d'officiers de la brigade financière. Ils viennent vérifier si Cécile Brossard aurait pu être manipulée par des personnes directement ou indirectement liées au dossier Rhodia.

Michel-Alexandre Graber a les relevés téléphoniques de Cécile Brossard. Les policiers suisses ont commencé à éplucher les mouvements financiers sur ses comptes. Henri Pons et Jean-Marie d'Huy veulent consulter tous ces documents pour être bien sûr qu'il n'existe aucune connexion entre leur dossier financier et le meurtre du banquier. Apparemment, les magistrats français ne découvrent rien. « Aucun élément probant ne semble se dégager

1. *Le Nouvel Observateur*, 7 juillet 2005.

pour l'instant de cette analyse, glisse une source judicaire. Mais, si cette piste n'était pas sérieusement explorée, la justice serait accusée de ne pas faire son travail jusqu'au bout. »

La justice française doit explorer cette hypothèse. Hugues de Lasteyrie ne croit pas au crime passionnel. Pour lui, c'est un crime commandité. Lorsqu'il apprend la mort d'Édouard Stern, le financier se trouve dans le sud de la France. Il est pris de panique. Il part tout de suite se réfugier en Belgique avec sa famille, par peur d'être exécuté... Étrange climat. À Genève, les associés d'Édouard Stern reçoivent des appels affolés :

« Et toi ? Qu'est-ce que tu fais ? Tu restes à Genève ? Tu n'as pas peur ? »

Depuis des mois, les protagonistes du feuilleton Rhodia ne s'épargnent rien. Les coups pleuvent. En surface : des déclarations offensives et des avocats qui dénoncent des anomalies. En coulisse : des financiers de haut vol prêts à en venir aux mains. Ce psychodrame se joue dans l'antichambre du CAC 40. Il suffit de restituer le personnage au sein de cet *establishment* si singulier pour comprendre. « Stern, c'est le gratin du gratin de la haute finance internationale », rappelle à juste titre Martine Orange, chef de la rubrique économique au journal *Le Monde*. Un univers à part.

Son échec avec Rhodia lui est insupportable parce qu'il blesse son orgueil, mais aussi et surtout parce qu'aux yeux des autres financiers il risque de passer pour un *loser*, un *has been*. Dans ce milieu-là, ce genre d'échec peut briser une carrière. Stern joue sa réputation. Voilà qui explique pourquoi l'épisode Rhodia l'a « mis à cran », ainsi que son associé Hugues de Lasteyrie.

Trois juges assis sur la même bombe

En avril 2006, Jean-Claude Marin, procureur de la République de Paris, s'agace d'être tenu à l'écart de l'enquête sur le volet politique de l'affaire Clearstream. Les deux juges d'instruction Jean-Marie d'Huy et Henri Pons ne l'informent des perquisitions effectuées, ni à la DGSE, ni au ministère de la Défense. Les deux magistrats ne font confiance à personne. Et surtout pas à leurs collègues qui critiquent leur méthode de travail. Voilà qui donne une idée du climat de défiance qui règne au sein de l'institution judiciaire française en ce printemps 2006.

Lunettes fines, un large front dégarni, l'œil malicieux, Jean-Marie d'Huy a l'allure trompeuse de l'homme discret. Cet ancien inspecteur des impôts a commencé par des enquêtes sensibles lorsqu'il était en poste à Évry et qu'il a déclenché l'affaire Alcatel. À l'époque, le magistrat, isolé face au procureur de l'Essonne, Laurent Davenas, ferraille avec l'empire Alcatel pour démontrer que le PDG, Pierre Suard, a bénéficié d'avantages indus. Depuis sa nomination à Paris au pôle financier, le juge Jean-Marie d'Huy enquête avec Henri Pons, notamment sur les affaires Rhodia, Vivendi et EDF.

Les cheveux grisonnants en bataille, Henri Pons ressemble un peu à ces vieux instituteurs d'autrefois qui s'appliquaient à écrire les règles de grammaire sur un tableau noir. Pons aime rappeler les règles de droit à ceux qui se croient au-dessus des lois. Un temps détaché auprès de la Commission des opérations de Bourse, il est, lui aussi, spécialiste des affaires financières complexes.

Le nom des deux magistrats est abondamment cité lorsque éclate l'affaire Clearstream, mais ce n'est que l'un des dossiers sensibles dont ils ont hérité. Jean-Marie d'Huy et Henri Pons ont surtout la charge du dossier Rhodia. Dossier qui les a conduits à entendre Édouard Stern. Sa mort, forcément, les interpelle.

Au début du mois de décembre 2005, les deux magistrats se rendent donc à Genève pour rencontrer leur collègue suisse Michel-Alexandre Graber.

Ils reviennent discrètement à Genève en mars 2006. Un an après la mort d'Édouard Stern, ils veulent récupérer des documents relatifs à l'affaire Rhodia : des éléments sensibles que détenait Édouard Stern dans ses coffres et qui impliquent des personnalités françaises de premier plan. La rentrée politique va être chaude en France, murmure-t-on dans les couloirs du palais de justice de Genève.

Malgré eux, d'Huy, Pons et Graber se trouvent embarqués dans la même galère. Tous les trois ont entrepris des investigations dans des affaires qui se jouent dans les allées du pouvoir. Ils détiennent des informations explosives. Seuls des caractères bien trempés comme les leurs sont prêts à affronter le gros temps. Tous les trois affichent un respect strict de la procédure pénale. Ils savent que c'est leur meilleur rempart. Le meilleur blindage.

14

Contrats d'armement

Les réseaux Elf

Édouard Stern est présent aux quatre coins de la planète au travers de son fonds d'investissement (IRR) et des multiples sociétés qu'il contrôle. Il est associé à une foule de partenaires. Des connus et des moins connus. Son carnet d'adresses lui permet d'avoir une oreille dans tous les grands conseils d'administration, quand il n'y a pas déjà un siège. À Genève, les services fiscaux ont surtout noté sa proximité avec Elf. Le banquier est proche de Philippe Jaffré, ancien PDG du groupe pétrolier nommé par Édouard Balladur en 1993. Une nomination politique. À l'époque, il s'agit de « couper un certain nombre de vivres à Jacques Chirac », raconte Loïk Le Floch-Prigent. Le prédécesseur de Philippe Jaffré développe : « Il y a plusieurs systèmes au sein d'Elf dont chacun sait qu'ils fonctionnent de façon autonome. Le système Tarallo avec l'Afrique, naturellement, mais également le système Sanofi, filiale pharmaceutique d'Elf dont les dirigeants sont très proches de Jacques Chirac. »

Il existe à Genève un dossier d'enquête fiscal avec la mention « Édouard Stern/Elf ». Quand on fouille dans cette direction, un autre nom ressort, celui de Jack Sigolet. Un nom qui renvoie à l'un des volets les plus sensibles de l'affaire Elf. Jack Sigolet est l'ancien directeur de la FIBA (French Intercontinental Bank for Africa). C'est l'ancien bras droit d'André Tarallo, le « Monsieur Afrique » du groupe Elf. Son nom s'est souvent retrouvé associé à celui de Pierre Falcone et Arcadi Gaydamah, deux hommes d'affaires régulièrement cités dans les dossiers de ventes d'armes.

En 1997, l'argent d'Elf sert à payer une partie des armes vendues par l'intermédiaire belge Jacques Monsieur à l'ancien président congolais Pascal Lissouba. Par l'entremise de la FIBA, spécialisée dans le préfinancement pétrolier, Elf cautionne les achats d'armes. Les activités de Jack Sigolet lui valent quelques ennuis. Le 2 septembre 1999, la voiture de son épouse explose. Quelque temps auparavant, elle est incendiée devant la villa du couple à Vaucresson, en France. Le 13 mars 2002, la piscine de sa maison de Corsier, dans la campagne genevoise, explose à son tour. L'avertissement est clair. Jack Sigolet a des ennemis. À Genève, on soupçonne des Corses mais aussi une filière libano-ukrainienne d'être à l'origine de ces intimidations.

Quelques semaines après la mort d'Édouard Stern, un courrier anonyme circule : « Nous avons l'honneur de vous informer que, suite à l'inaccessibilité de M. Sigolet à régler ses comptes, il va être entrepris une *campagne de désagrément* à son égard. » Suit une liste sur laquelle figurent les adresses de ses deux bureaux et de ses cinq résidences. Genève n'est pas toujours aussi paisible qu'on veut bien le croire. Le monde de la finance est en tout cas bien petit. Un autre responsable de la FIBA, l'ancienne banque d'Elf, siège au conseil d'administration de Rhodia, le groupe pétrochimique avec lequel Édouard Stern est en conflit.

Stern, espion de la haute finance

En ce printemps 2006, à Paris comme à Genève, certains dans les milieux financiers commencent à faire le rapprochement entre les affaires Clearstream et la mort de Stern. Nicolas Sarkozy et Édouard Stern s'intéressaient à l'affaire des rétrocommissions versées lors de la vente des frégates de Taïwan. « Stern travaillait pour Sarkozy. Tout le monde à Paris le sait », confie un journaliste parisien spécialisé dans les affaires financières. « C'est Stern qui a expliqué à Sarkozy le fonctionnement de la chambre de compensation luxembourgeoise Clearstream. » Édouard Stern connaît sur le bout des doigts les mécanismes de la haute finance. Il est considéré comme l'un des meilleurs spécialistes du monde. À tel point que de gros investisseurs ont pris l'habitude de l'envoyer en « sous-marin » dans les sociétés qu'ils convoitent pour débusquer leurs faiblesses. Une certitude : le Canadien Paul Desmarais et le Belge Albert Frère font confiance aux talents de débusqueur d'embrouilles du banquier. Édouard Stern a la réputation d'être coriace et d'avoir ses entrées partout. Il sait trouver les failles du système mais sait aussi les utiliser à son avantage.

« Vous devez comprendre que Stern était un service secret financier à lui tout seul », commente un spécialiste du renseignement. Édouard Stern en James Bond de la finance ? Il a en tout cas un petit faible pour le Walter P99, l'arme qu'utilise le célèbre agent secret au service de Sa Gracieuse Majesté.

Proche de la nouvelle direction du groupe pétrolier Elf et de son directeur Philippe Jaffré, le banquier aurait eu pour mandat de retrouver les millions évaporés après le passage de Loïk Le Floch-Prigent. Des dossiers sensibles qui renvoient une fois de plus aux coulisses de l'affaire des frégates de Taïwan. La liste des protagonistes retrouvés morts est longue[1]. Parmi eux : Thierry Imbot, quarante-huit ans, ancien agent secret de la DGSE. En poste à Taïwan entre 1991 et 1993, il était bien placé pour connaître les dessous des marchés d'armement. Il a trouvé la mort dans d'étranges circonstances. Le 10 octobre 2000, il chute du quatrième étage du 18, rue Jean-Goujon à

1. Jacques Vergès, *Malheur aux pauvres*, Plon, 2006.

Paris. Il serait tombé par la fenêtre en tentant de fermer un volet...

Quelques jours plus tôt, il avait confié à son père, ancien chef de la DGSE, que « certains avaient fait des fortunes colossales » grâce à l'argent qui coulait à flot autour du « contrat des frégates ». Comme Thierry Imbot, Édouard Stern savait sans doute beaucoup de choses. La justice Suisse ne semble pas vouloir le savoir. Pour elle, c'est une autre histoire.

15

Jusqu'au procès

La vie sans Édouard Stern

Depuis le 15 mars 2005, Cécile Brossard est enfermée dans l'unité des femmes de la prison de Champ-Dollon à Genève. Un établissement de détention préventive prévu à l'origine pour deux cent soixante-dix prisonniers mais qui en accueille quotidiennement près de cinq cents. Le quartier des femmes, situé au troisième étage de l'aile nord du bâtiment, où elle pénètre dans la nuit du 15 au 16 mars 2005, n'a rien à voir avec les autres unités de la prison. Les murs sont peints de couleurs vives. Des lampes classiques côtoient les tubes au néon. Des tableaux, des affiches (parfois des expositions de photographies) sont accrochés aux murs. Rien à voir avec les autres unités de la prison. Dans le quartier des femmes, on tente de donner un peu plus d'humanité au lieu. Parfois, des détenues accouchent en détention. Elles ont le droit de garder leur bébé quelques mois avant la douloureuse séparation. Les détenues ont de quoi s'occuper. L'établissement pénitentiaire leur offre des activités multiples : cuisine, couture, informatique, poterie, dessin et marqueterie. Autant d'objets d'artisanat qui sont vendus au personnel de la prison avant les fêtes de Noël ou au petit marché de Puplinge, un très joli village de la campagne genevoise à quelques minutes de la prison. Les détenues travaillent cinq heures et demie par jour. Elles prennent leurs repas en commun dans le couloir de l'unité des femmes.

Cécile Brossard, elle, vit dans son monde. Elle ne participe à aucune activité. En tout cas le moins possible. Sa seule réalisation ? Un tableau contemporain. Une œuvre qui laisse ses gardiens sans voix.

À son arrivée à la prison, elle est placée dans la cellule numéro 356. Par la fenêtre, sans barreaux, Cécile Brossard peut voir la promenade, le terrain de basket. La prévenue demande tout de suite un deuxième matelas pour installer le fantôme qui l'accompagne. L'un des gardiens qui la rencontre pour la première fois se souvient de cette scène surréaliste : « Je suis entré dans la cellule, elle m'a demandé de ne pas la déranger parce qu'elle était "en conversation avec Édouard". Je ne suis pas entré dans son jeu. Je lui ai expliqué qu'elle était toute seule. En réalité, Cécile Brossard s'adressait à une peluche. Un ours ou quelque chose y ressemblant. Elle a fondu en larmes. Mais, même en pleurs, elle restait lucide et cohérente dans ses propos. Pour moi, cette femme possède une grande force de séduction. »

Au début de l'affaire, la détenue Brossard est l'une des rares à pouvoir rencontrer ses avocats à raison de deux à trois fois par semaine au parloir. À tel point qu'il devient difficile d'organiser ses rendez-vous avec le service médical de la prison. Comme beaucoup de détenus, elle souffre de problèmes dentaires et réclame des soins incessants auprès des médecins de la prison.

En cellule, Cécile Brossard vit d'abord sa « période rose ». Dans des catalogues de vente par correspondance, la jeune femme commande de nombreux vêtements de couleur rose. « Parce que c'était la couleur préférée d'Édouard », justifie-t-elle. La nuit, elle enfile le pyjama d'Édouard. Cécile abandonne peu à peu la couleur pastel. Commence alors sa « période blanche », la couleur de la virginité. De l'innocence, de la pureté.

L'état de santé mentale de Cécile Brossard inquiète. Surtout ses avocats. Au début de sa détention, elle semblait mieux accepter ses conditions de détention. Mais, au fil des mois, elle s'est murée dans son mal-être, effectuant plusieurs allers-retours entre sa cellule et le quartier cellulaire de la clinique psychiatrique de Belle-Idée.

Cécile Brossard ne se mêle même pas aux autres détenues. Elle préfère rester prostrée des heures durant dans sa cellule. Elle parle aux murs. Elle parle à Édouard et croit l'entendre lui répondre. Au début de son incarcération, elle demande naïvement à la direction de la prison si elle peut faire venir ses deux chats. Demande refusée, évidemment incompatible avec la prison.

De son ancienne vie, Cécile Brossard n'a pu récupérer que ses CD. « Elle traverse régulièrement des phases de profonde dépression et se trouve encore en état de haut risque suicidaire », confie l'un de ses avocats en février 2006. À terme, l'homme de loi n'exclut d'ailleurs pas de plaider la responsabilité partielle de sa cliente au procès d'assises. Plusieurs experts seront chargés d'établir si la prisonnière joue la comédie ou si elle est véritablement atteinte de troubles mentaux.

Mais ce qui intéresse surtout la justice, c'est de connaître l'état de santé mentale de Cécile Brossard au moment des faits. Les experts devront donc déterminer si la jeune femme était responsable, partiellement responsable ou – qui sait – irresponsable lorsqu'elle a tiré sur son amant. « La prison n'est pas adaptée à Cécile Brossard, ma cliente a besoin de recevoir des soins », confirme Me Bruno de Preux. « Elle est très faible et ne mange plus, elle a terriblement maigri. Elle est atteinte dans son âme et son psychisme. Vous savez, dans cette affaire il y a deux victimes. Il n'y en a pas qu'une. La relation entre ma cliente et Édouard Stern était très complexe. Cécile Brossard est très mal, désespérée et pleure beaucoup », rapporte quant à lui Me Pascal Maurer.

La jeune femme est mise à rude épreuve par les rendez-vous hebdomadaires avec le juge genevois Michel-Alexandre Graber. En quelques mois, Cécile Brossard a perdu douze kilos.

Une prisonnière très protégée

Il n'y a jamais eu de cellule VIP dans la prison genevoise. Une seule exception, le Russe Mikhaïlov, seul en cellule pour des raisons de sécurité. Cécile Brossard n'entre évidemment pas dans cette catégorie mais elle bénéficie tout de même d'un régime particulier, alors que la prison de Champ-Dollon est pleine à craquer.

Le quartier des femmes dans lequel a séjourné Cécile Brossard au début de son incarcération a d'ailleurs été réquisitionné pour les hommes. Depuis l'automne 2005, les détenues ont été transférées dans l'unité qui leur servait d'ateliers. La situation est tendue. Au mois de mai 2006, elle devient même intenable. Des émeutes éclatent. Toute la classe politique de Genève, cité des droits de l'homme, s'en mêle, choquée de voir des prisonniers enfermés à cinq ou six dans des cellules normalement réservées à deux. Des parloirs sont supprimés, les promenades aussi.

Étrangement, seule Cécile Brossard continue d'occuper une cellule individuelle, la 386, avec vue sur le Jura. Et ce même lorsqu'elle est absente. En réalité, ce sont trois places qui sont bloquées pour elle. Dans la section des femmes, toutes les cellules sont normalement occupées par deux détenues.

Au mois de mai 2005, la cellule de Cécile Brossard demeure inoccupée depuis plus de deux mois, la jeune femme ayant été transférée au quartier cellulaire psychiatrique (QCP) de la clinique de Belle-Idée.

Le QCP est installé au premier étage d'un petit bâtiment situé dans un énorme parc ombragé juste en face de la cafétéria de cet établissement placé sous la surveillance des hôpitaux universitaires de Genève. On est certes dans un hôpital mais les patients sont soumis à un régime carcéral. Les chambres, au nombre de sept, sont équipées de barreaux et des gardiens de Champ-Dollon montent la garde. Les conditions d'hébergement y sont-elles meilleures qu'à Champ-Dollon ? Gérard

Niveau, médecin-chef auprès du service médical pénitentiaire, répond qu'il y a « davantage de contacts avec les autres détenus et le personnel soignant qu'en prison. On peut se parler. Il y a des activités. En revanche, on ne peut pas fumer et les chambres ne sont pas équipées de téléviseur. » La télévision n'est pas pour autant supprimée mais son usage est collectif. Elle se trouve dans un petit salon et peut être regardée par tous les patients. Ce qui ne va pas sans poser de problèmes et nécessite un arbitrage constant lorsqu'un patient psychiatrique exige bruyamment de suivre le dernier match de football alors qu'une autre préfère le dernier épisode d'un feuilleton policier… Le QCP est un lieu d'urgence. En aucun cas résidentiel. Selon les statistiques 2005 de la prison de Champ-Dollon, la durée moyenne du séjour au QCP s'élève à quatorze jours.

« Il est rarement arrivé qu'un détenu réside si longtemps à Belle-Idée », estime un gardien de prison. Cécile Brossard, sous tranquillisants, se trouve en tout cas en état de répondre aux questions du juge Graber chaque semaine. « Le procès aura lieu », assure le magistrat qui, au printemps 2006, excluait encore que l'état psychiatrique de Cécile Brossard puisse justifier une annulation du procès d'assises.

Une fois par semaine, le mardi, parfois le vendredi, Cécile Brossard a rendez-vous pour toute une journée d'interrogatoire avec le juge Graber. À l'instruction, Cécile Brossard se montre très interventionniste. Elle fait corriger les P-V d'audiences de la greffière du juge qui a eu le malheur d'écrire, tout en haut du P-V, « le détenu est transféré de la prison de Champ-Dollon ». Cécile Brossard fait remarquer non sans pertinence qu'il s'agit en l'occurrence d'une détenue et qu'elle est transférée de la clinique psychiatrique.

Le magistrat consacre beaucoup de temps à cette prisonnière pas tout à fait comme les autres dont il doit reconstituer le passé. Toute une vie.

La jeune femme a de la peine à supporter ces rendez-vous hebdomadaires. Régulièrement, elle éclate en sanglots. Avale un nouveau Lexotanil[1]. Chaque interruption d'audience est naturellement inscrite au procès-verbal.

Dans le milieu judiciaire, certains avocats se plaignent d'ailleurs du traitement de faveur dont bénéficie la détenue Brossard. Ils ont du mal à comprendre que le juge consacre autant de temps à ce dossier alors que d'autres prisonniers attendent plusieurs semaines avant de pouvoir être auditionnés par le magistrat.

Pourquoi Cécile Brossard profite-t-elle d'autant d'attention et de sollicitude ? On s'en doute ! Au sein de la prison, les bruits se propagent vite. Si la détenue est tenue à l'écart des autres, à la demande du juge et des avocats, c'est avant tout parce que le dossier est ultrasensible. « On craint qu'elle ne parle et que d'autres détenues lui soutirent des informations ou des documents provenant du dossier d'instruction. Un dossier qu'elle conserve dans sa cellule », rapporte une source proche de l'instruction. Des journalistes, des écrivains lui ont proposé à plusieurs reprises d'écrire ses mémoires. En vain.

Le juge Michel-Alexandre Graber semble craindre que des journalistes n'obtiennent ses confessions en prison par l'entremise d'une autre détenue. Il se montre très méfiant surtout à l'égard des magazines français, prêts à tout pour faire leur une sur celle qui aurait tué le banquier Stern. « En aucun cas madame Cécile Brossard ne bénéficie d'un statut de star en prison », répond le juge Graber.

À la fin du mois de mai 2006, après deux mois passés à Belle-Idée, Cécile Brossard n'avait toujours pas rejoint la prison

1. Médicament de la famille des benzodiazépines pour traiter les « troubles émotionnels, états d'anxiété et de tension, à titre d'adjuvant dans la dysthymie anxieuse, lors de dépression, tension nerveuse, agitation et insomnie due à l'anxiété et à la tension ».

de Champ-Dollon, alors que des détenues couchent sur des paillasses à même le sol pour ne pas occuper la cellule réservée à Cécile Brossard.

À l'extérieur, le régime « privilégié » commence à faire grincer des dents. Des fuites dans la presse seraient du plus mauvais effet à l'heure où la prison continue d'être surpeuplée. Il a donc fallu trouver une solution interne à la prison. Résultat : en l'absence de Cécile Brossard, sa cellule à Champ-Dollon a été attribuée à deux autres personnes. Son dossier d'instruction a été placé dans une armoire cadenassée – à l'abri des regards indiscrets –, à laquelle elle aura accès quand elle le souhaitera lorsqu'elle reviendra du quartier cellulaire psychiatrique de Belle-Idée. Si elle en revient un jour.

Le procès d'assises... après la présidentielle

Le procès devait avoir lieu à l'automne, voire à l'hiver 2006. C'est en tout cas ce que prévoyait initialement le juge d'instruction Michel-Alexandre Graber. Le magistrat avait les aveux, l'arme du crime et l'inculpée ; il pensait terminer son instruction relativement rapidement. C'était sans compter sur l'ampleur prise par un fait divers qui n'aurait fait la une de la presse genevoise que quelques jours si la victime n'était pas un riche banquier, puissant entre les puissants. Certes, le juge Graber comme les autres magistrats chargés de l'instruction croulent sous les dossiers.

À Genève comme ailleurs, la criminalité est en constante augmentation. Les services de police sont débordés. La prison de Champ-Dollon explose. Entre ces deux maillons de cette seule et unique chaîne : le travail des juges d'instruction, largement méconnu. Des magistrats dotés de peu de moyens face à une criminalité qui, elle, connaît tous les rouages pour échapper à la justice. À titre d'exemple, le budget consacré à la justice de la République et canton de Genève s'élève, en 2005, à 1,4 %

du budget total de l'État de Genève (plus de 6 milliards de francs suisses).

« La justice genevoise doit disposer de moyens supplémentaires. On ne peut nous demander de répondre aux défis de l'époque moderne avec les moyens de jadis. Or, c'est exactement le paradoxe auquel le pouvoir judiciaire est confronté en ce troisième millénaire : dans tous les domaines de la vie sociale, l'attente de justice s'accroît, indiquait le procureur général Daniel Zappelli lors de son discours d'investiture, en avril 2002. Il n'y a aujourd'hui de secteur de l'activité judiciaire qui ne voie la demande du justiciable augmenter. » La justice genevoise est lente. Une notion commune à l'ensemble des pays européens. À relever que sur le plan européen, justement, « la Suisse ne se trouve pas en si mauvaise posture, constate le président du collège des juges d'instruction, Stéphane Esposito[1]. Seuls 10 % des dossiers prennent beaucoup de temps. Ce sont les cas dont on parle toujours lorsqu'on évoque les lenteurs de la justice », poursuit-il. Le reste des affaires est communiqué au parquet au bout de cinq mois et demi environ.

Tel n'est pas le cas dans l'affaire Stern, qui dure depuis le mois de mars 2005. Mais le juge d'instruction Graber sait que son dossier doit être au-dessus de tout soupçon. Il n'a pas droit à l'erreur. Pour cela, le magistrat travaille méticuleusement, ne laissant aucune place aux incertitudes. Il doit « faire dans la dentelle », constate un de ses collègues. Mais cette méticulosité a un coût : celui du temps. Des témoins qu'il pensait pouvoir entendre en quelques heures, ne serait-ce que pour confirmer des détails, lui prennent des matinées. Quand ce n'est pas des journées entières. « C'est le type d'affaires qui prend du temps à l'instruction car le sujet est délicat et le nombre de témoins, considérable, souligne le procureur général. Il s'agit de cerner

1. *La Tribune de Genève*, 15 juin 2006.

la personnalité de la personne mise en cause, de comprendre pourquoi elle a tué. »

Lorsqu'on sait que le juge a prévu d'entendre une centaine de personnes, on se dit qu'effectivement l'affaire est loin d'être bouclée quand bien même le magistrat a dans son dossier les aveux de Cécile Brossard. Que lui faut-il de plus ? Le juge Graber est très clair : « Il s'agit de cerner la personnalité des uns et des autres, chacune d'entre elles étant extrêmement complexe. »

Au mois de juin 2006, le magistrat n'avait pas encore terminé les auditions de la moitié des témoins. Il n'avait pas encore ordonné une expertise psychiatrique de Cécile Brossard. L'expertise est un acte d'instruction majeur. Les experts doivent évidemment pouvoir avoir accès à la personne à expertiser. Mais ils doivent également pouvoir se fonder sur un dossier équilibré. De leur côté, les avocats ne font rien non plus pour que le procès se déroule dans les plus brefs délais. La partie civile ou la défense ont compris que dans cette affaire il s'agissait d'être extrêmement précis. Les avocats ont mesuré « l'ampleur du dossier ». Pas question de se tromper. Pas question non plus de voir apparaître à la barre, en pleine cour d'assises, des témoins-surprise !

Le juge Graber se donne donc jusqu'à début 2007 pour clore son instruction. En l'état, il ne voit pas la nécessité de demander l'audition de Nicolas Sarkozy, sauf si l'une des parties la demande et que l'illustre témoin cité à comparaître veut bien donner une suite favorable à une telle requête. Le ministre de l'Intérieur français est périphérique dans ce dossier, mais il est bel et bien dans le dossier. Entre-temps, le juge d'instruction aura ordonné une expertise psychiatrique de la jeune femme, expertise qui sera longue. Si tout va bien, le dossier Cécile Brossard sera transmis au procureur général Daniel Zappelli au printemps 2007. Ensuite, il appartiendra au procureur général d'avaler les dizaines de classeurs du volumineux dossier d'instruction, les centaines d'auditions de Cécile Brossard, celles des témoins, bref, des milliers de pages consacrées à cette affaire pas comme les autres. « Je me tiens tout de même régulièrement informé sur cette enquête, relève Daniel Zappelli. Ce qui signifie que l'affaire ne sera pas renvoyée avant l'automne 2007, vraisemblablement au mois de septembre. Après l'élection présidentielle française, au grand soulagement de certains candidats ! »

Tout l'enjeu du procès sera de déterminer s'il s'agit d'un assassinat, d'un meurtre ou d'un meurtre passionnel[1].

Un enjeu de taille pour les jurés car, en fonction de la qualification retenue, Cécile Brossard risque un minimum d'un an de prison ou la réclusion à perpétuité...

Le procès de Cécile Brossard sera agendé sur trois semaines et fera sans doute salle comble. La justice genevoise n'entend pas pour autant déplacer le lieu du procès. Celui-ci aura lieu dans la salle de la cour d'assises de Genève. Cette salle qui a déjà accueilli les plus grands procès de l'histoire judiciaire genevoise. Cécile Brossard sera assise sur le même banc des accusés que le russe Sergueï Mikhaïlov, acquitté d'appartenance au crime organisé en 1998. Avant lui, d'autres « grands noms » de l'histoire judiciaire genevoise ont été jugés par la cour d'assises

1. Article 112 CP (assassinat) : « Si le délinquant a tué avec une absence particulière de scrupules, notamment si son mobile, son but ou sa façon d'agir est particulièrement odieux, il sera puni de la réclusion à vie ou de la réclusion pour dix ans au moins. » On le voit bien : il n'est pas fréquent qu'un meurtrier se rende coupable d'un assassinat.
Article 111 CP (meurtre) : « Celui qui aura intentionnellement tué une personne sera puni de la réclusion pour cinq ans au moins [...]. » Cette disposition s'applique dans toutes les circonstances où l'accusé est reconnu coupable d'avoir agi avec conscience et volonté.
Article 113 CP (meurtre passionnel) : forme atténuée du meurtre qui n'a, contrairement à son intitulé, rien à voir avec la passion amoureuse. Il faut que le délinquant ait été en proie à une émotion violente que les circonstances rendaient excusable, ou qu'il ait agi alors qu'il était dans un état de profond désarroi. La sanction ne peut être supérieure à dix ans.

de Genève. Le palais de justice de Genève vit avec les fantômes de Luigi Lucheni, l'assassin d'Élisabeth d'Autriche (Sissi) en 1910 et du Bâtonnier de l'Ordre des avocats Pierre Jaccoud, reconnu coupable de meurtre en 1960.

Tenir les médias

L'affaire Stern a fait couler beaucoup d'encre les premières semaines qui ont suivi la découverte du crime. Depuis plus d'un an, pratiquement plus rien ne sort dans la presse. Les avocats se murent dans le silence de leurs versions totalement différentes, ne laissant guère de place aux journalistes pour enquêter. Les proches de la victime, tout comme les proches de Cécile Brossard, sont encore moins loquaces que les hommes de loi, qui ont passé un *gentlemen's agreement* pour ne pas répondre aux questions des médias. Comme si évoquer l'affaire Stern faisait peur. Comme s'il ne fallait pas parler du drame et encore moins des relations du banquier, qu'elles soient de nature privée, financière ou politique.

Le journaliste français Xavier Bénéroso sait de quoi il en retourne, lui qui s'est tout simplement vu interdire de diffuser son sujet consacré à l'affaire. Au mois de mai 2005, Xavier Bénéroso, notamment journaliste à l'émission *Secrets d'actualité* sur M6, se rend à Genève. La « petite chaîne qui monte » lui a commandé un reportage sur la mort d'Édouard Stern. Sur place, Xavier Bénéroso rencontre plusieurs personnes, dont des journalistes ayant enquêté sur le dossier. Il tente de récupérer les quelques images que possède la TSR. L'envoyé spécial enquête pendant des semaines, tant à Genève qu'à l'étranger. Il monte son émission. Le sujet est dans la boîte. Mais l'émission *Secrets d'actualité* consacrée à l'affaire Stern restera secrète. À tout jamais. L'émission a certes été montée mais elle n'a jamais été diffusée. Et ne le sera pas. La famille d'Édouard Stern s'y est opposée. « La puissance de ces gens-là est incroyable. Ils ont réussi à faire pression sur la direction de la chaîne », explique Xavier Bénéroso. Le journaliste est d'autant plus étonné qu'il avait plutôt le sentiment d'avoir réalisé un sujet « un peu fade, sans grandes révélations. Un film des événements commenté par les avocats. » Exit l'émission sur la mort du banquier. Édouard Stern n'est pas le petit Grégory[1]. Le Léman n'est pas la Vologne. Cet épisode dans le style de l'épopée télévisuelle américaine *Dallas* se termine trop mal pour être montré au grand public. S'agirait-il de protéger une poignée de notables influents de la finance et de la politique de la moindre éclaboussure ?

Il faut reconnaître que dans cette affaire une certaine presse n'y est pas allée de main morte. Rapidement, alors même que le juge Graber n'a pas encore ordonné l'annulation de la mesure de supersuspension du dossier, les journalistes ont fait de leurs doutes des certitudes. « L'affaire Stern partait dans tous les sens, il fallait stopper cela, aussi bien dans l'intérêt de la famille de la victime que pour notre cliente », confirment Mes Bruno de Preux et Pascal Maurer. Certains journaux se sont servis d'Édouard Stern et de Cécile Brossard pour vendre du papier. Endeuillée, la famille Stern n'a pas réagi tout de suite. Elle n'a pas bougé quand bien même certains dessins de presse étaient peu respectueux de la mort de la victime. Mais trop, c'est trop.

En juillet 2005, le clan Stern et les défenseurs de Cécile Brossard réagissent suite à la parution d'un dessin dans l'hebdomadaire *Gala*. Le croquis montre une femme en tenue SM en train d'abattre un homme dans une combinaison en latex.

Au mois de septembre 2005, la publication d'un article dans *Libération* consacré au sadomasochisme met le feu aux poudres. L'ex-épouse du banquier, Béatrice Stern, fait savoir que les limites du supportable ont été franchies. L'avocat Hervé Témine exprime « la douleur et le dégoût » de sa cliente Béatrice Stern

1. L'affaire Grégory est une saga judiciaire française commencée en 1984 après le meurtre d'un jeune garçon.

à la découverte de cette enquête journalistique jugée d'une rare indélicatesse : le nom d'Édouard Stern est explicitement cité à la différence de celui de plusieurs témoins, – sans doute vivants –, qui bénéficient, eux, de l'anonymat. « Dorénavant, avertit Me Hervé Témine, une action judiciaire sera engagée contre toute parution portant atteinte aux droits du banquier tué. »

Étrangement, au mois de juin 2005, lors de la parution du livre d'Airy Routier *Le Fils du serpent*, la famille du défunt n'avait pas réagi. Mais, six mois plus tard, changement de ton lorsqu'on apprend que le journaliste et son éditeur, Albin Michel, négocient la transposition à l'écran de la vie du banquier. Selon Marie Dormann, directrice des droits dérivés chez Albin Michel, ces négociations sont même « à bout touchant » (*Le Matin*). « L'option est en train d'être signée, dit-elle. Mais, tant que ce n'est pas concrétisé, il n'est pas question d'en dire davantage. » À la question de savoir si le producteur avec lequel sont menés les pourparlers pourrait être Canal +, l'éditeur parisien s'abrite à l'époque dans le silence mais ne dément pas : « Là, je ne dis rien... »

En janvier 2006, le quotidien français *Ouest France* révèle que Xavier Couture, ancien PDG de Canal +, vient d'acquérir les droits du livre d'Airy Routier. Le projet suscite l'opposition de la famille Stern, qui devrait utiliser tous les moyens juridiques pour empêcher la réalisation d'un tel film.

Me Marc Bonnant fait savoir que, si les choses se précisent, « la famille s'y opposera par toutes les voies de droit. D'abord parce qu'il ne serait ni convenable ni décent que l'on tourne des fictions ou des documentaires sur une affaire qui est encore aux mains de la justice, ensuite parce que cette démarche serait de nature à porter atteinte à la mémoire et à la sphère privée d'Édouard Stern. »

À quelques mois des assises, la famille du banquier sait que l'image d'Édouard Stern risque encore d'être salie. Aussi a-t-elle pris les devants en commandant une curieuse enquête auprès d'une agence de publicité renommée à Genève, Rochat & Partners. Une enquête d'opinions en réalité effectuée auprès des journalistes qui ont suivi l'affaire. En France et en Suisse. Le journaliste du *Matin* Frédéric Julliard a reçu un coup de téléphone au mois de juin 2005. On lui a demandé ce qu'il pensait de Cécile Brossard, quelle image il avait d'Édouard Stern. Autre question : « Pensez-vous que le banquier a été tué pour son argent ? »

Claude-Olivier Rochat, le fondateur de l'agence de communication, visiblement plus habitué à travailler avec les banques et les entreprises, explique que la famille Stern souhaite « mieux cerner le climat autour de l'affaire. Il s'agit d'un audit d'image. » Dans le cadre d'une affaire criminelle, la pratique n'est pas courante. Les collaborateurs de Rochat & Partners sondent les journalistes. Ils veulent savoir s'ils privilégient la thèse du meurtre passionnel ou l'hypothèse que Cécile Brossard aurait tué Édouard Stern pour récupérer le million de dollars.

16

L'homme à abattre

Avant de mourir, Édouard Stern se savait surveillé. Il pressentait qu'on allait essayer de ternir sa réputation en révélant certains aspects de sa vie privée. « Vous allez voir, ils vont dire que je suis pédé ! » avait-il annoncé à ses proches. Le financier était sûr que son bras de fer avec les anciens dirigeants de Rhodia allait lui valoir de sérieux ennuis. « Cette fois-ci, on va avoir l'État contre nous ! » avait-il lancé à Hugues de Lasteyrie en apprenant la nomination de Thierry Breton au ministère des Finances.

Fouiller dans la vie privée d'un concurrent ou d'un adversaire pour lui faire plier un genou fait presque partie de l'ordinaire dans le milieu de la haute finance. On est dans un univers sans pitié. Tous les coups sont permis. Édouard Stern ne gêne pas que les dirigeants de Rhodia. Il gêne tous ceux qui voient leurs ambitions boursières mises en péril par les fusions et acquisitions que le financier orchestre de main de maître tout en restant dans l'ombre. Il barre la route à d'autres sur les marchés financiers.

À Londres, New York, Paris ou Hong Kong, il se sent comme chez lui. IRR, son fonds d'investissement, est un très beau joujou. Mais ce n'est qu'un levier. Derrière, il y a une kyrielle de sociétés plus ou moins exotiques, installées dans des paradis fiscaux (les Îles Vierges britanniques, les îles Caïman, Jersey, Malte...). De ses bureaux d'IRR à Genève, il tire toutes les ficelles et peut ainsi avancer ses pions tout en restant masqué.

Sur les marchés financiers, on peut bousculer les usages, inventer de nouveaux montages et trouver des partenaires prêts à tout. Mais pas question de se faire de cadeaux. Ce n'est pas comme dans la banque, où les alliances se consolident au fil du temps et où la confiance cimente les relations d'affaires. Les inimitiés qui se forgent autour de la « corbeille » sont tenaces. Stern s'était fait beaucoup d'ennemis en perdant aussi l'argent qui lui avait été confié par d'autres.

Les grands cabinets de renseignement économique jouent les vierges effarouchées lorsqu'on les soupçonne d'étendre leurs investigations à la vie privée des hommes d'affaires. Pourtant, tout le monde sait que cette pratique est courante. Les gros cabinets prennent soin le plus souvent de sous-traiter le sale boulot à de petites officines, plus discrètes et parfois moins regardantes sur la déontologie. Au final, il faut toujours aller trouver des mercenaires pour fouiller dans les poubelles. Cela peut aller très loin. Ces officines si particulières ne reculent devant rien.

Édouard Stern a des ennemis puissants, prêts à tout pour l'affaiblir. Ils ont eu le temps de constituer un dossier de mœurs. Le banquier a bien été pris en filature jusque devant la maison de Cécile Brossard à Nanteuil-le-Haudouin quand il allait aux soirées qu'elle organisait. S'ils veulent l'atteindre, ils savent où viser. Tout est prêt pour lancer les rumeurs et engager une campagne de dénigrement. L'objectif ? Lui faire perdre la confiance de ses associés et le décrédibiliser. Il est facile de comprendre que des accusations de malversation portent moins lorsqu'elles sont lancées par un homme qui est accusé de tous les vices. La manière dont Édouard Stern a trouvé la mort sert la rumeur qu'on avait mis des mois à fabriquer, à préparer, à mitonner dans les coulisses du CAC 40. Sa mort ne change rien. Il faut terminer le travail. Me Marc Bonnant, l'avocat de la famille Stern, fait observer : « D'emblée, sa mort a été utilisée par ses ennemis pour régler des comptes qui n'ont rien à voir avec le dossier criminel. »

Quelques jours après sa mort, *Le Nouvel Observateur* révèle les aventures sentimentales d'Édouard Stern avec Julia Lemigova. Au fil des semaines, la vie privée du banquier est étalée dans les journaux. Des pages et des pages sur ses déboires sentimentaux, conjugaux et sexuels. Rien, presque rien sur ses affaires. « On a déversé un torrent de boue », dira Me Bonnant.

Et cela arrange beaucoup de monde. Même mort, Édouard Stern peut être dangereux. L'homme a porté des accusations graves dans le dossier Rhodia. On lui prête aussi un rôle déterminant dans le dispositif d'accession au pouvoir du candidat Nicolas Sarkozy. Enfin, on le savait détenteur de quelques secrets d'État. Sans doute parce qu'il est aux premières loges à Genève pour tout connaître des tractations secrètes qui entourent les négociations sur les contrats d'armement. Tout cela faisait d'Édouard Stern un homme puissant et dangereux. Un homme incontrôlable qui s'était affranchi de règles du système tout en s'y glissant.

L'univers international de la haute finance est cruel et impitoyable. La bête au sol, il faut l'achever et agiter sa dépouille bien haut. Voilà ce qui arrive à ceux qui transgressent les règles : achever Édouard Stern en le tuant socialement. Que les combats qu'il a menés de son vivant perdent tout sens au regard des circonstances de sa mort. Ses adversaires ne peuvent pas rêver meilleur scénario. Les actions en justice initiées par Édouard Stern ne sont pas éteintes, mais les actionnaires lésés dans l'affaire Rhodia perdent leur chevalier blanc.

La vie d'Édouard Stern s'est arrêtée le 28 février 2005. Il n'était ni un diable ni un ange. Juste un puissant, avec ses caprices. Il redevient poussière. Sur le mur du petit cimetière juif de Veyrier, près de Genève, on peut lire une citation gravée dans la pierre : « Celui qui est en quête de la charité, de la justice et de la bonté, trouvera la vie, le salut et l'honneur. » C'est là qu'Édouard Stern repose. Pour l'éternité.

En guise d'épilogue

Vendredi 30 juin 2006. Ordonnance du tribunal de première instance de Genève. À la demande de Cécile Brossard, les juges civils se réunissent dans l'urgence pour interdire la parution en Suisse du deuxième livre consacré à l'affaire Stern. Celui que vous tenez entre les mains. Non seulement ce livre est interdit, mais les auteurs n'avaient même pas le droit de remettre leur manuscrit à leur éditeur. Une première en matière de liberté d'informer !

Au terme de leur enquête, les deux journalistes prennent contact avec les conseils de la famille Stern ainsi qu'avec ceux de Cécile Brossard afin de confronter, une dernière fois, les positions de chacun. Me Marc Bonnant se contente des propos qu'il a tenus jusqu'à présent, invoquant le *gentlemen's agreement* passé entre avocats. Du côté de la défense de Cécile Brossard, on invoque également ce « pacte de non-agression ». Mais on demande aux deux auteurs de soumettre l'intégralité du manuscrit avant parution. Une telle pratique n'est évidemment pas l'usage.

Mes Bruno de Preux et Pascal Maurer, avocats de Cécile Brossard, saisissent donc les autorités judicaires avant même la parution du livre.

Une requête de dix-sept pages est déposée le vendredi 30 juin au matin. Elle a pour objet l'interdiction provisionnelle urgente de l'édition et de la publication du deuxième livre consacré à l'affaire Stern en Suisse. Un an auparavant, la parution de celui d'Airy Routier *Le Fils du serpent* n'a pas suscité de telles réactions... À peine une lettre de protestation des avocats de Cécile Brossard !

Parmi les « faits pertinents » invoqués devant le tribunal par les avocats, le fait que la victime était « proche du pouvoir politique français » et que Cécile Brossard « souffre d'une profonde dépression à tendance suicidaire ». Les avocats estiment que les deux auteurs, dans leurs articles publiés dans *La Tribune de Genève*, ont commis plusieurs erreurs. Notamment le fait que leur cliente n'a jamais été « une connaisseuse en armes à feu »... Selon la défense, Cécile Brossard n'a jamais été mannequin, encore moins *call-girl*. Elle ne menait pas « un grand train de vie ».

Les avocats se fondent sur le principe de la présomption d'innocence. « La violation de ce droit constitue une atteinte au droit de la personnalité », écrivent-ils. Cécile Brossard a certes reconnu avoir tiré sur Édouard Stern, « il n'en reste pas moins vrai qu'elle continue à bénéficier de ce droit fondamental, en particulier parce qu'elle ne se considère pas coupable d'assassinat mais de meurtre passionnel. » Ils estiment que « l'affaire Stern ne présente pas un intérêt public prépondérant suffisant pour permettre, ou même prendre le risque, de porter une atteinte grave aux droits de leur cliente ».

Saisi dans l'urgence, le tribunal de première instance a signifié par voie d'huissier judiciaire la décision d'interdiction de publication du livre aux journalistes, le 30 juin dans l'après-midi : « Attendu qu'en raison des circonstances exposées dans la requête, vu notamment l'urgence alléguée, il convient d'ordonner la mesure sollicitée immédiatement, en en limitant toutefois les effets jusqu'à l'exécution de la nouvelle décision qui sera rendue après l'audition des parties », indique l'ordonnance du tribunal.

Le 24 juillet 2006, le tribunal de première instance confirme l'interdiction d'envoyer en Suisse ou à l'étranger le manuscrit consacré à l'affaire Stern. Interdit d'éditer, de publier et de diffuser en Suisse ou à l'étranger le livre, dit que la décision est prononcée sous la menace des peines prévues par l'article 292 du Code pénal suisse, qui dispose : « celui qui ne sera pas conformé à une décision à lui signifier sous la menace de la peine prévues au présent article par une autorité ou un fonctionnaire compétent sera puni des arrêts ou de l'amende. Les auteurs sont condamnés à verser une indemnité de procédure de 2 000 francs comme participation honoraires des avocats de Cécile Brossard. » La justice ne demande pas de relire le manuscrit elle rend une décision qui interdit purement et simplement la parution du livre. Du jamais vu en Suisse, les deux auteurs interjettent appel le 6 septembre. Ce qui constitue une atteinte à la liberté d'informer va être renforcé par les démarches engagées par Cécile Brossard le 7 août 2006. Les deux auteurs sont l'objet, cette fois, d'une dénonciation pénale auprès du procureur général de la république, Daniel Zappelli, pour violation de l'article 292. La maîtresse et inculpée du meurtre d'Édouard Stern s'appuie sur deux articles publiés dans la presse suisse pour prévenir la justice qu'il est hautement vraisemblable que Valérie Duby et Alain Jourdan ont fait parvenir le manuscrit après l'interdiction du 30 juin. C'est évidemment faux.

G. B.

Chronologie de « l'affaire Stern »

Novembre 2004 : Édouard Stern promet à Cécile Brossard le mariage et 1 million de dollars pour « assurer son indépendance ».

Lundi 10 janvier 2005 : Édouard Stern fait verser 1 million de dollars sur le compte de Cécile Brossard au Crédit suisse de Montreux.

Lundi 21 février 2005 : Cécile Brossard se rend à la banque pour récupérer les intérêts : 5 000 dollars. Elle quitte la Suisse pour Nanteuil-le-Haudouin, dans l'Oise, où elle possède une maison.

Mercredi 23 février 2005 : Édouard Stern tente de joindre Cécile Brossard depuis des heures. Il débarque à Nanteuil-le-Haudouin : Cécile n'est pas à la maison.

Vendredi 25 février 2005 : Édouard Stern réussit enfin à joindre Cécile Brossard. Il lui réserve un billet Paris-Genève pour le soir même. La Française rentre en Suisse. Elle passe la nuit dans l'appartement du banquier, au 17, rue Adrien-Lachenal à Genève.

Samedi 26 février 2005 : Cécile Brossard quitte Genève. Après une énième dispute, elle rejoint Xavier Gillet à Clarens.

Dimanche 27 février 2005 : Édouard Stern et Cécile Brossard dînent au Harry's Bar à Montreux. C'est leur dernier repas ensemble.

Lundi 28 février 2005 : À 21 heures, Me Karim Beylouni, l'un des avocats parisiens d'Édouard Stern dans l'affaire Rhodia, n'arrive pas à joindre le banquier sur son portable. Il rappelle à deux reprises dans la soirée. L'homme d'affaires est déjà mort.

Mardi 1er mars 2005 au matin : Édouard Stern rate deux rendez-vous à son bureau.

Cécile Brossard s'est envolée tôt le matin pour l'Australie au départ de Milan.

Mardi 1er mars dans l'après-midi : Trois collaborateurs du banquier français alertent la femme de ménage d'Édouard Stern pour qu'elle ouvre la porte de son appartement. Le corps d'Édouard Stern est retrouvé sans vie dans sa chambre à coucher. L'annonce de sa mort est révélée au *20 Heures* de TF1.

Mercredi 2 mars 2005 : La presse internationale titre sur la mort d'Édouard Stern. Deux pistes sont envisagées : la piste crapuleuse liée à sa vie privée et celle des relations du banquier avec les pays de l'Est.

Jeudi 3 mars 2005 : Le juge d'instruction Michel-Alexandre Graber confirme que le banquier a été tué par balles. L'information donnée par la presse se vérifie : Édouard Stern a été retrouvé vêtu d'une combinaison en latex. Aucune trace d'effraction n'a été retrouvée sur la porte d'entrée.

Vendredi 4 mars 2005 : Cécile Brossard, maîtresse attitrée d'Édouard Stern, revient d'un voyage éclair en Australie. Elle dit avoir appris la mort de son amant à l'autre bout du monde par la demi-sœur du banquier.

Samedi 5 mars 2005 : Cécile Brossard est entendue comme suspecte par la brigade criminelle de la police genevoise. La jeune femme nie les faits. Elle reconnaît avoir vu Édouard Stern dans la soirée du 28 février. « Mais il était vivant lorsque je suis partie », assure-t-elle aux policiers.

Mercredi 9 mars 2005 : La police criminelle, qui étudie les appels téléphoniques du banquier, semble privilégier la piste sexuelle, en tout cas privée. Aucune arme n'a été retrouvée à proximité du corps de la victime.

Jeudi 10 mars 2005 : Édouard Stern est enterré dans la plus stricte intimité au cimetière juif de Veyrier, comme il en avait fait le vœu. Les investigations de la police semblent se concentrer sur un proche de la victime.

Vendredi 11 mars 2005 : Cécile Brossard, via son avocat lausannois Me Pierre-Olivier Wellauer, fait savoir aux héritiers d'Édouard Stern qu'elle souhaite conserver le million de dollars que lui a remis la victime.

L'oncle et la tante de Cécile Brossard, domiciliés près de Nancy, reçoivent un colis posté de Sydney. À l'intérieur, la tenue que portait leur nièce le soir du drame. On parle aussi d'un carnet d'adresses et d'une somme d'argent placée dans une enveloppe jaune.

Lundi 14 mars 2005 : L'ex-femme d'Édouard Stern, Béatrice, et ses trois enfants se constituent partie civile.

Mardi 15 mars 2005 : L'enquête de la police porte ses fruits. Tôt le matin, le juge d'instruction décerne un mandat d'arrêt contre Cécile Brossard, une Française de trente-six ans, établie à Clarens dans le canton de Vaud. Elle passe aux aveux à 23 heures, à l'issue d'un long interrogatoire. Cécile Brossard est conduite à la prison de Champ-Dollon à Genève.

Mercredi 16 mars 2005 : Trois armes de poing sont récupérées dans le Léman, à Montreux, sur indication de Cécile Brossard.

Vendredi 18 mars 2005 : Une commission rogatoire internationale est décernée auprès du tribunal de grande instance de

Nancy afin de récupérer le colis que Cécile Brossard a envoyé à son oncle et à sa tante depuis l'Australie.

Dimanche 20 mars 2005 : Le juge d'instruction Michel-Alexandre Graber informe, via un communiqué, que le droit à la consultation du dossier est suspendu « de sorte à permettre à l'instruction de se dérouler dans des conditions optimales ». La mesure de supersuspension doit être levée fin mars.

Mardi 22 mars 2005 : La chambre d'accusation prolonge la détention de Cécile Brossard, laquelle ne s'est pas présentée à l'audience.

Mercredi 30 mars 2005 : Les résultats de l'expertise balistique, notamment, ne sont toujours pas connus. La mesure de suspension complète du droit à la consultation du dossier et à l'information contradictoire est prolongée jusqu'au 15 avril 2005.

Jeudi 14 avril 2005 : La mesure de supersuspension est levée ; les avocats ont enfin accès au dossier.

Mercredi 1er juin 2005 : La reconstitution du meurtre d'Édouard Stern a lieu dans la soirée au 17, rue Adrien-Lachenal.

Mardi 21 juin 2005 : Nouvelle audience à la chambre d'accusation pour l'inculpée, qui prolonge encore sa détention. Cécile Brossard n'est pas présente au palais de justice.

Été 2005 : Le juge Graber prévoit le procès de Cécile Brossard pour la fin 2006. Il doit entendre une centaine de témoins.

Hiver 2005 : Cécile Brossard effectue des allers-retours entre la prison et l'hôpital psychiatrique de Belle-Idée.

Printemps 2006 : Cécile Brossard reste internée depuis des semaines au quartier cellulaire de la clinique psychiatrique de Belle-Idée.

Vendredi 30 juin 2006 : Ordonnance du tribunal en Suisse de première instance de Genève interdisant la parution du livre consacré à l'affaire Stern.

Été 2006 : La cellule de la maîtresse d'Édouard Stern est attribuée à deux autres détenues. Son dossier est enfermé dans une armoire cadenassée.

Le juge Graber prévoit de boucler l'instruction et de transmettre son épais dossier au procureur général Daniel Zappelli. Le procès doit avoir lieu à l'automne 2007.

Table des matières

Parus aux éditions Privé

Sébastien Fontenelle
Un juge au-dessus des lois, janvier 2005.

Élise Galand et Romain Icard
Suzy contre mon gros loup, janvier 2005.

Monsieur X
Au secours ! Lionel revient, janvier 2005.

Bertrand Delais
Le Pire d'entre nous, février 2005.

Kevin Wells
Ma fille s'appelait Holly, mars 2005.

Guy Benhamou
Le Pacte, avril 2005.

Guillaume Dasquié
Al-Qa'ida vaincra, avril 2005.

Pierre Martinet
DGSE Service Action, un agent sort de l'ombre, avril 2005.

Camille Pouzol
Mon âge, mai 2005.

Jean-Claude Dague
Il ne me reste que l'honneur, juin 2005.

Jim Dwyer et Kevin Flynn
102 minutes, août 2005.

Emmanuelle Guilcher
Signoret, une vie, septembre 2005.

Pierre-Louis Basse
Séville 82, septembre 2005.

Farid Chopel et Brigitte Morel
Farid Chopel, et je danse encore !, septembre 2005.

Claude Ribbe
Une saison en Irak, septembre 2005.

Antoine Casubolo
La Vie rêvée de Pierre Goldman, octobre 2005.

Jean Saint-Iran
Les Cent Semaines, Villepin vu du Quai, novembre 2005.

Cécile Amar et Didier Hassoux
Ségolène et François, biographie d'un couple, novembre 2005.

Claude Ribbe
Le Crime de Napoléon, décembre 2005.

Jean-Michel Verne
L'Affaire Yann Piat, retour sur une manipulation,
janvier 2006.

John Paul Lepers et Thomas Bauder
Madâme, impossible conversation, février 2006.

Sébastien Fontenelle
Impunités françaises, février 2006.

François Némin et Henri Marnet-Cornus
Transport aérien : le dossier noir, mars 2006.

Karima
Karima, le prix du silence, avril 2006.

Jean Ker
Le Fou de Bruay, avril 2006.

Éric Halphen
Le Bal des outrés, mai 2006.

Guillaume Denoix de Saint-Marc et Candice Bal
Mon père était dans le DC10..., mai 2006.

Haïm Korsia
Être Juif et Français, mai 2006.

Rodolphe Albert
Les Secrets du PSG, juin 2006.

Antoine Casubolo
Coluche, l'accident... contre-enquête, juin 2006.

Mohamed Sifaoui
L'Affaire des caricatures, dessins et manipulations
septembre 2006.

Laurent Wauquiez
Un huron à l'Assemblée nationale,
septembre 2006.

Hannah
Emprise, octobre 2006.

Composition PCA
44400 – Rezé

Impression réalisée sur CAMERON par

BRODARD & TAUPIN

GROUPE CPI

La Flèche

pour le compte des Éditions Privé
en septembre 2006

Imprimé en France
Dépôt légal : octobre 2006
N° d'impression : 37700
ISBN : 2-35076-033-2